# Perspectives on Translation and Interpretation in Cameroon

Edited by
Emmanuel N. Chia
Joseph C. Suh
Alexandre Ndeffo Tene

Langaa Research & Publishing CIG
Mankon, Bamenda

*Publisher:*
*Langaa* RPCIG
Langaa Research & Publishing Common Initiative Group
P.O. Box 902 Mankon
Bamenda
North West Region
Cameroon
Langaagrp@gmail.com
www.langaa-rpcig.net


Distributed outside N. America by African Books Collective
orders@africanbookscollective.com
www.africanbookscollective.com


Distributed in N. America by Michigan State University Press
msupress@msu.edu
www.msupress.msu.edu


ISBN: 9956-558-44-3

© Emmanuel N. Chia, Joseph C. Suh
& Alexandre Ndeffo Tene 2009




**DISCLAIMER**

All views expressed in this publication are those of the author and do not necessarily reflect the views of Langaa RPCIG.

# Other Titles by *Langaa* RPCIG

**Francis B. Nyamnjoh**
Stories from Abakwa
Mind Searching
The Disillusioned African
The Convert
Souls Forgotten
Married But Available

**Dibussi Tande**
No Turning Back. Poems of Freedom 1990-1993
Scribbles from the Den: Essays on Politics and Collective Memory in Cameroon

**Kangsen Feka Wakai**
Fragmented Melodies

**Ntemfac Ofege**
Namondo. Child of the Water Spirits
Hot Water for the Famous Seven

**Emmanuel Fru Doh**
Not Yet Damascus
The Fire Within
Africa's Political Wastelands: The Bastardization of Cameroon
Oriki'badan
Wading the Tide

**Thomas Jing**
Tale of an African Woman

**Peter Wuteh Vakunta**
Grassfields Stories from Cameroon
Green Rape: Poetry for the Environment
Majunga Tok: Poems in Pidgin English
Cry, My Beloved Africa
No Love Lost
Straddling The Mungo: A Book of Poems in English & French

**Ba'bila Mutia**
Coils of Mortal Flesh

**Kehbuma Langmia**
Titabet and the Takumbeng
An Evil Meal of Evil

**Victor Elame Musinga**
The Barn
The Tragedy of Mr. No Balance

**Ngessimo Mathe Mutaka**
Building Capacity: Using TEFL and African Languages as Development-oriented Literacy Tools

**Milton Krieger**
Cameroon's Social Democratic Front: Its History and Prospects as an Opposition Political Party, 1990-2011

**Sammy Oke Akombi**
The Raped Amulet
The Woman Who Ate Python
Beware the Drives: Book of Verse

**Susan Nkwentie Nde**
Precipice
Second Engagement

**Francis B. Nyamnjoh & Richard Fonteh Akum**
The Cameroon GCE Crisis: A Test of Anglophone Solidarity

**Joyce Ashuntantang & Dibussi Tande**
Their Champagne Party Will End! Poems in Honor of Bate Besong

**Emmanuel Achu**
Disturbing the Peace

**Rosemary Ekosso**
The House of Falling Women

**Peterkins Manyong**
God the Politician

**George Ngwane**
The Power in the Writer: Collected Essays on Culture, Democracy & Development in Africa

**John Percival**
The 1961 Cameroon Plebiscite: Choice or Betrayal

**Albert Azeyeh**
Réussite scolaire, faillite sociale : généalogie mentale de la crise de l'Afrique noire francophone

**Aloysius Ajab Amin & Jean-Luc Dubois**
Croissance et développement au Cameroun :
d'une croissance équilibrée à un développement équitable

**Carlson Anyangwe**
Imperialistic Politics in Cameroun:
Resistance & the Inception of the Restoration of the Statehood of Southern Cameroons

**Bill F. Ndi**
K'Cracy, Trees in the Storm and Other Poems
Map: Musings On Ars Poetica
Thomas Lurting: The Fighting Sailor Turn'd Peaceable /Le marin combattant devenu paisible

**Kathryn Toure, Therese Mungah Shalo Tchombe & Thierry Karsenti**
ICT and Changing Mindsets in Education

**Charles Alobwed'Epie**
The Day God Blinked

**G.D. Nyamndi**
Babi Yar Symphony
Whether losing, Whether winning
Tussles: Collected Plays

**Samuel Ebelle Kingue**
Si Dieu était tout un chacun de nous?

**Ignasio Malizani Jimu**
Urban Appropriation and Transformation : bicycle, taxi and handcart operators in Mzuzu, Malawi

**Justice Nyo' Wakai:**
Under the Broken Scale of Justice: The Law and My Times

**John Eyong Mengot**
A Pact of Ages

**Ignasio Malizani Jimu**
Urban Appropriation and Transformation: Bicycle Taxi and Handcart Operators

**Joyce B. Ashuntantang**
Landscaping and Coloniality: The Dissemination of Cameroon Anglophone Literature

**Jude Fokwang**
Mediating Legitimacy: Chieftaincy and Democratisation in Two African Chiefdoms

**Michael A. Yanou**
Dispossession and Access to Land in South Africa: an African Perspevctive

**Tikum Mbah Azonga**
Cup Man and Other Stories

**John Nkemngong Nkengasong**
Letters to Marions (And the Coming Generations)

**Amady Aly Dieng**
Les étudiants africains et la littérature négro-africaine d'expression française

**Tah Asongwed**
Born to Rule: Autobiography of a life President

**Frida Menkan Mbunda**
Shadows From The Abyss

**Bongasu Tanla Kishani**
A Basket of Kola Nuts

**Fo Angwafo III S.A.N of Mankon**
Royalty and Politics: The Story of My Life

**Basil Diki**
The Lord of Anomy

Churchill Ewumbue-Monono
Youth and Nation-Building in Cameroon: A Study of National Youth Day Messages and Leadership Discourse (1949-2009)

**Emmanuel N. Chia, Joseph C. Suh & Alexandre Ndeffo Tene**
Perspectives on Translation and Interpretation in Cameroon

# Content

Notes on Contributors ............................................................. vii

Introduction and Overview .................................................... 1

### Part One
### Translation and Language Teaching

1. Translation as Method, Discipline and Profession
   Emmanuel N. Chia ............................................................ 9

2. Traduction pédagogique et traduction professionnelle :
   Une mise au point
   Alexandre Ndeffo Tene & Emmanuel N. Chia ...................... 21

### Part Two
### History of Translation

3. Histoire de la traduction et de l'interprétation en pays beti :
   De la période coloniale à nos jours
   Moïse Ateba Ngoa ............................................................ 35

4. A History of Translation and Interpretation in the Littoral
   Province of Cameroon
   Charles Atangana Nama .................................................... 47

### Part Three
### Current Picture of Translation Practice

5. La pratique de la traduction et de l'interprétation dans
   une société multilingue : Défis et perspectives
   Alexandre Ndeffo Tene ..................................................... 59

6. Le paysage théâtral camerounais et les enjeux
   traductologiques
   Suh Joseph Che ................................................................ 71

7. An Assessment of the State of Subtitling in Cameroon: Past, Present and Future
   L.S. Ayonghe, J-L Kruger, J. Suh & E. Chia ............................ 85

8. A Case for Community Translational Communication from / into African Languages: Some Macro-Level Organisational and Management Concerns
   Charles B. Tiayon ....................................................................... 113

9. Les conditions socio-historiques et juridiques de l'exercice de la profession de traducteur / interprète dans la fonction publique camerounaise : Problèmes et perspectives
   Dieudonné P. Aroga Bessong ..................................................... 125

10. Methodological Issues Relating to Drama Translation Research in Cameroon
    Suh Joseph Che .......................................................................... 147

# Notes on Contributors

**Professor Chia Emmanuel N.** is a Professor of Linguisitcs and Translation Studies at the University of Buea He holds a PhD in Linguistics from the University of Georgetown, a Diploma in Translation and Interpreting from the University of Georgetown, Washington, DC. He teaches and researches in General Linguistics, Socio-linguistics, Applied Linguistics and African Linguistics. He has over 25 years of teaching and research at the tertiary level including more than 15 years of experience at different levels of University management.

**Dr Suh Joseph Che** is an Associate Professor of Translation Studies, Terminology and Comparative Stylistics at the University of Buea. He holds a DLitt et Phil in Linguistics (Translation Studies) from the University of South Africa (UNISA), an MA in Translation from the Universtiy of Ottawa, Canada and a DEA in Traductologie from ESIT, Université de la Sorbonne Nouvelle, Paris III, France. His research interests include Literary Translation, Translation Pedagogy, Terminology, Comparative Stylistics, Translation from/into African Languages and History of Translation.

**Dr Atangana Nama Charles** (Ph.D., Binghamton, State University of New York, 1984), deceased, is the former Director of the Advanced School of Translation and Interpretation in Cameroon. In 1986, he was recruited as Administrative Assistant and part-time lecturer at ASTI. He was appointed Acting Secretary-General in ASTI until 1988. From 1989 to 1993, he was Chief of Service in charge of Planning and University Guidance at Buea University Centre. From 1993 to 1998, he was Acting Head of Admissions and Records of the newly created University of Buea. On January 27, 1999, he was appointed Director of ASTI, a position he held until February 19, 2006. His research interest included History of Translation and Literary Translation.

**Dr Aroga Bessong Dieudonné** is the Director of The Bible Society of Cameroon. He joined his new office after having served in the Public Service as a Translator for over ten years. He holds a PhD and an MA in Translation Studies from the University of Ottawa, Canada. His research interests include Bible Translation and Cultural Transfer in Translation.

**Dr Kruger Jan Louis** is the Director of the School of Languages, Northwest University, Vaal Triangle Campus, Vanderbijlpark, South Africa. He is a Senior Lecturer of English and Language Practice (Translation Studies). His teaching and research interests are in the area of Subtitles, Translation theory and narrative theory. Some of his major publications have been in the area of translation training and language promotion; parameters for the training of subtitlers and challenges for developing countries; subtitling and empowerment of African languages on television; and subtitled popular television as a tool in academic language proficiency programmes. He is a member of the Media Committee of the International Translators' Federation and of the South African Translators' Institute.

**Dr Ndeffo Tene Alexandre** is a Lecturer of Translation at the University of Buea. He holds a PhD in Comparative Literature from the Saarland University, Germany, a DESS in Translation from ESIT, Paris III, France, and a Maîtrise in German Studies from the University of Yaoundé. His research interests include Literary Translation, Translation and Culture, Translation Pedagogy, Translation Quality Assessment, Postcolonial Literature, Writing in Foreign Languages, Writing in Exile.

**Mr Tiayon Charles** is a Lecturer of Translation at the University of Buea. He holds a DEA in Traductologie from ESIT, Paris III, an MA in Terminology from the University of Birmingham, UK, and a Maîtrise in English Language from the University of Yaoundé. His research interests include Corpus Translation Studies, Translation Pedagogy, Terminology and Translation from/into African Languages.

**Mr Ateba Ngoa Moïse** is a Lecturer of Translation at the University of Buea He is currently completing a PhD Dissertation in French Literature at the University of Bordeaux, France. He holds a DEA in French Literature, University of Yaoundé, a Diploma in Translation from ASTI, University of Buea. His research interests include Computer Assisted Translation, Translation Pedagogy, Translation from/into African Languages and Literary Translation.

**Mrs Ayonghe Lum Suzanne** is an Assistant Lecturer in Translation in the Advanced School of Translators and Interpreters and Head of the Computer Service of the University of Buea. She is currently completing a PhD Dissertation in Translation Studies in the Northwest University, Vaal Triangle Campus, Vanderbijlpark, South Africa. She holds a BSc degree in Economics and an MA in Translation, both from the University of Buea. Her teaching and research interests include Computer Assisted Translation, Audio-visual Translation, Subtitles and its use for the promotion of bilingualism, multilingualism, national languages and in academic literacy.

# Introduction and Overview

## Emmanuel N. Chia

*Perspectives on Translation and Interpretation in Cameroon* is the first volume of a book series of the Advanced School of Translators and Interpreters (ASTI) of the University of Buea. Its objective is to serve as a forum for the publication of scholarly research work on translation, interpretation and related disciplines carried out in Africa. However, the focus in this volume is Cameroon.

The idea of *Perspectives* as a book was introduced by Dr Charles Atangana Nama (Director of ASTI from January 1999 to February 19, 2006) to whose honour and memory this volume is dedicated. After a very innovative tracer study he and the staff of the School had carried out to determine the whereabouts of ASTI graduates beginning from 1987 when the first batch of students graduated, and to size up the potential for the future employability of the products of the school, the idea was then hatched to produce a book that would tell the world the story of this institution hitherto little known beyond the confines of Cameroon. Unfortunately, death snatched him away before he could put the work together. It is in pursuance of that lofty idea that the present volume is presented.

The book comprises contributions from scholars in the broad area of translation. Each such contribution makes up one of the ten chapters of the book which all naturally fall into three coherent parts: the concept of translation and its pedagogy, the history of translation and finally, the state of the art of this discipline and professional practice in Cameroon.

In the first part, chapter one attempts a definition of translation, setting it off clearly from the grammar translation approach to language (L2) teaching. The various competences to be acquired through training are described. Then the various types of translating and interpreting, together with some allied areas of the translation industry are lucidly explained. The second chapter revisits the concept of translation to discuss some specific notions in the field, the faulty definition of which has generated confusion, particularly in bilingual contexts like Cameroon where proficiency in English and French is often mistaken for licence to translate and interprete. The concomitant result is more often than not, a bad image for the translation profession as a result of botched up translations. This discussion hopefully lays the confusion once and for all to rest.

Part II, which focuses on the history of translation in Cameroon, begins in Chapter 3 with pre-colonial Beti country, now comprising principally, the South and Centre provinces. It chronicles the contributions of both Cameroonian and European actors from the German through the French colonial periods to the present in all their minutia. This account makes the time stretch between 1900 and the present extremely dynamic in the history of translation in Cameroon. The key names here run from Charles Atangana Ntsama, Théodore Tsalla to Herman Nekes, Marteh Heepe and Jean-Baptiste Obama.

Chapter 4 tackles translation and interpretation in the Littoral Province. The author planned to present this study in two periods: the colonial period – from the 19$^{th}$ century to independence and from the post-independence period to the present, but death, which is no respecter of persons, took him away before he could draft the second period. The most important feature of translation and interpretation during this period is the evolution of what Nama refers to as "ecrivain-interpretes" (writer-interpreters). Their duties unlike those of the professional translator / interpreter of today were vast; beside translation and interpretation, their duties also included administrative, political, cultural, and diplomatic functions. These duties devolved on them by reason of their linguistic virtuosity (being polyglots). Isaac Moumé Etia turns out to be indisputably one of the pioneers of linguistic nationalism in Cameroon. He was literate in Duala, German, English and French; he also spoke Bulu and Ewondo. Recruited "écrivain-interprète" in the French colonial administration, he worked in almost all the big towns of the territory. He translated and wrote profusely in Duala, became one of the top few "fonctionaire-ecrivain-interprète," in the set up. He made his exit in 1939 (p. 62) as "one of the monumental figures of Cameroon history."

The last part of this volume (chapters 5 to 10) presents a current picture of translation and interpretation practice in Cameroon. Placing the activities within the multilingual context of the country, this section goes through theatre and translation, subtitling, translation from and into indigenous languages, conditions of translation practice and ends up considering some methodological issues in drama translation research. Chapter 5 discusses the raison d'être of translation in a context where, most of those for whom the translation is destined, posses some knowledge of the source-text language. It provides an overview of the evolution of Bilingualism in Cameroon from 1961 to the present and concludes that with considerable efforts deployed by the state to promote bilingualism, two consequences have emerged for the translator: given the tons of texts that government alone produces, these trained professionals should be fully employed, but low salaries have forced most of them to go for greener pastures elsewhere. The second consequence of bilingualism is the false impression that simple familiarity with the two official languages makes it possible to translate and interprete and, therefore, the services of a professional translator can be dispensed with. However, the horrible work of these amateurs soon turns the tables in favour of the professionals. For several reasons the translator/interpreter will remain indispensable in this country for a long time to come.

Chapter 6 gives an overview of Cameroon theatre and translation problems. Unlike the public service translator who is master of his decisions, the freelance translator of theatre does not enjoy such freedom. Every bilingual member of the theatre chain (from the playwright, director, actor, stage-designer, musician, lighting engineer to the editor) has a say on how they think the translation should have been done and on the quality of the final product. This chapter describes the adaptations the translator must make to the target text and compromises he must reach not only with these many participants but also with the different media in which the theatre piece would eventually be aired, and why. Thus, the whole phenomenon of theatre translation is explained and its underlying principles brought out.

Chapter 7 presents an assessment of the state of subtitling in Cameroon. Subtitling defined as the rendition in a different language of verbal messages in filmic media, in one or more lines of written text, on the screen in sync with the original message (Gottlieb 2004: 15), is a relatively new area of study here. Subtitling is described in detail and its potential as a tool for translation, literacy and language teaching in a multilingual country like Cameroon is highlighted. The study examines Cameroonians' awareness and perception of subtitling and makes a number of important recommendations.

Chapter 8 picks up the issue of translation from and into African languages which in practice plays only second fiddle to translation between official (foreign) languages. Consequently, knowledge gained from imported languages is hardly of benefit to the large majority of native African language speakers who are often left in the dark. Until there is an integrated approach to the macro-organisation of translational communication in Africa involving community translation-interpretation, the situation will not improve. The approach is described; its advantages and prospects are sketched.

Chapter 9 focuses on the poor working conditions of the translator/interpreter in the Cameroon civil service that led to a total break down of the translation service. The hypothesis is that the specificity of the corps of translators, translator-interpreters, coupled with some negligence on the part of the hierarchy would account for the desertion and break down of the service. The chapter then goes on in a point by point methodical demonstration to prove the hypothesis. A new framework for redressing the situation is proposed. It includes raising the status of the Directorate of Linguistic Service at the Presidency to a Directorate General and widening its mission to include the protection and promotion of national languages, and extending these services and advantages to all the Ministries.

The last chapter deals with methodological issues relating to Drama Translation Research in Cameroon and begins from the observation that research on the translation of Cameroon literature has been too broad in perspective, making it difficult to contribute significantly to its development. It is postulated that progress can only be made in this area by carrying out specific, detailed and in-depth studies of the translation of each of the literary genres because each of these types and sub-types have distinctive characteristics that could influence their translation in different ways; hence the need to identify and recognize them. It is from this perspective that the chapter studies the socio-cultural conditions under which Oyono Mbia's translations of his plays: *Trois prétendants, un mari; Jusqu'à nouvel avis; Notre fille ne se mariera pas; Le train spécial de son Excellence* into English were produced. The many strategies that Oyono Mbia uses to succeed are unveiled.

This first volume of the *Perspectives on Translation and Interpretation in Cameroon* opens a window into this wide dynamic and interesting area of translation in a multilingual country that had on the eve of independence and unification opted for official bilingualism in French and English. It will publish research work from scholars and professionals involved in translation in all the languages of interaction and related activities in and outside Cameroon.

# I
# Translation and Language Teaching

# 1
## Translation as Method, Discipline and Profession

### Emmanuel N. Chia

## 1.0 Introduction[1]

Translation, defined simply as an exercise in the transfer of meaning from a source language (SL) text into the corresponding idiom of another language, the target language (TL), making sure that the translated version has virtually the same impact on its new readers (Nida E. 1975: 33, House J. 1997: 31–32), may be perceived as a different thing by different people. Thus, translation has been considered by many as a means, *par excellence*, of intercultural studies; by some, as the most viable method of foreign or second language teaching, by others as an elitist profession, etc. Since each of these aspects would have a component of translation, many students who pass through either come off with the false impression of having qualified as translators. In fact some persons who did "theme / version" in the course of their studies claim to be qualified translators and even translation lecturers. This paper sets out to demonstrate that though translation as a pedagogical tool may ignite interest in translation as an occupation, its goal is patently limited to the reading and writing skills of the foreign language. Indeed, the training to become a professional translator or interpreter only starts off after the successful completion of the language learning task. This paper examines translation as a foreign language (or L2) teaching method and then contrasts it with translation as a discipline and as an occupation. However, other aspects of the discipline are discussed to throw more light in the area.

## 1.1 Translation as L2 Teaching Method

Many language teachers today would still remember that until very recently foreign language teaching unavoidably passed through translation. As the teaching of foreign languages entered the curriculum of European Schools in the eighteenth century and later on the colonies, the procedures used i.e. teaching abstract grammar rules, vocabulary lists, sentence translation, were essentially those used in the teaching of Latin. This codified method of foreign language teaching commonly became known as the Grammar-Translation Method, abbreviated GTM (Richards and Rodgers 1995: 3). This was the offspring of German scholarship known in the U.S. as the Prussian Method.

## 1.2 Some Characteristics of GTM

The principal goal of foreign language teaching and learning during that epoch was to enable the learner to read the literature of that language and benefit from the mental discipline and intellectual development that was assumed to result from foreign language study. Since the method was essentially deductive, rule learning by rote memorization was followed by the application of the knowledge gained to the exercise of translating sentences from the TL into the SL and vice-versa. Throughout the learning process, the learner's first language was maintained as a basic reference system in the L2 or foreign language acquisition.

Secondly, as indicated above, the reading and writing skills were the only ones focused on in the teaching and learning task. Little or nothing was done about the speaking or listening skills. Thus, the student learned a language whose sound he might hardly recognize, far less speak.

Thirdly, the vocabulary taught was selected on the basis of a text chosen for the reading exercise and the words were taught through bilingual word lists, dictionary study and memorization. This would be followed by translation exercises to complete the lesson.

Accuracy was emphasized not only as a means for attaining high standards in language but also for its intrinsic moral value since lapses in knowledge were met with brutal punishment.

Finally, the students' SL was not only maintained as a reference system, it was the only medium of instruction. A graduate of this method would be able to read and understand texts in the foreign language but would not be able to interact with a native speaker in a face-to-face encounter.

Because of the strong emphasis on the memorization of grammar rules in GTM, one can understand why in strict traditional orthodoxy, language learning had become coterminous with the learning of grammar. It is for this reason that many school teachers involved in the unnecessary rigours of language teaching have maintained strongly that students of language can do without the grammar. As Howatt, cited by Richards and Rodgers (1995) points out, the excesses of this method did not only inhere in learning everything about the target foreign language without knowing it, but also in the zeal on the part of its advocates to demonstrate that the study of the foreign language such as French or German, had to be as rigorous as the study of the classical languages.

Acerbic criticism on the GTM notwithstanding, many students who survived the method gained some knowledge of the second language, and some even developed the liking for translation and later on, with assiduous application, became translators. The method still continues today, albeit in a drastically modified form (having been beaten by more popular methods such as the communicative). However, as we maintain, the method did not aim to produce translators. The level of proficiency in the TL would not be enough to make a translator, limited to the rudimentary level as it was. A sufficiently high level of proficiency in the languages of a learner's combination would today only qualify him/her for training to become a translator or interpreter. Indeed, it is necessary to emphasize that competence in the two languages of a potential translator/interpreter is as much a prerequisite for professional translating and interpreting as mathematics is a prerequisite for physics.

In the bilingual degree programmes today, veiled vestiges of the GTM abound. The goal definitely is to reinforce the learning of the TL even if only a three-credit course like *Introduction to Translation and Interpretation* is offered. The goal would be more to enhance the B language, encourage the learners and prepare them towards gaining admission into professional translator-interpreter training programmes than it is to make of them translators or interpreters.

It must be recognized however that, as a matter of fact, some people endowed with the gift of tongues, but without any formal training, have in different multilingual situations raised themselves from the bootstraps into excellent and reputable translators (and middle men). Some scholars have referred to them as "natural translators" (Nama 1990: 357). This, notwithstanding, proficiency in two or more languages does not *a priori* guarantee success as a translator or interpreter. As indicated earlier, such bilingualism would only be a prerequisite for translation training, it is not enough in itself to make a translator. To buttress this point, Delisle (1980: 34) argues as follows:

> Beaucoup de profanes croient qu'il suffit de connaître deux langues pour être en mesure de traduire. Cette conception simpliste explique en partie l'imposture dans laquelle se placent de nombreux « faux » bilingues qui s'improvisent traducteurs professionnels en se croyant aptes à pratiquer d'emblée ce métier. La création d'écoles de traducteurs à travers le monde depuis une trentaine d'années est une reconnaissance implicite du fait que le bilinguisme n'est pas suffisant pour donner à quiconque une compétence de traducteur professionnel.

The duties of a translator today require a lot more formal and sustained training, often leading to one form of certification or the other. This brings us to the question of what translation is as a discipline and as an occupation. (Later, we shall inquire into what interpretation is). But closely related to translation and interpretation are terminology and editing.

## 2. Translation as a Discipline and Occupation

As a discipline, translation has accumulated over time, a body of principles, theories, techniques and practices that, together with its history, constitute an autonomous and enviable area of academic pursuit with its own branches. Nida (1964) refers to the discipline as "The Science of Translation" and Harris (1977) as "Translatology". These two descriptions of the discipline have not gained widespread acceptance. Lefevere (1977) and later on Bassnett (1980) refer to it as "Translation Studies". It is this last description that has gained wide acceptance and use. The courses generally taught under this discipline include Translation Theory, General and Specialized Translation, Interpretation, Lexicology, History of Translation, Terminology, Semantics etc. It has its own teaching and research methods. Consequently, although translation is traditionally and commonly considered to be an aspect of applied linguistics (Catford 1965: 19), it has its own theory and application. From the point of view of occupation (which is the application side), this section will treat two kinds of translation – literary and non-literary translation.

## 2.1 Literary Translation

It deals with the transfer of ideas and forms of culture from one linguistic system to the other, ineluctably bringing in new influences often with invisible intersections in world cultures. With the translation of literary creative works, communication across cultures can be said to know no temporal or spatial boundaries. That is why translation here has been considered so apt for cross-cultural studies. Because literary translation requires a high level of creative artistry, it is somehow seen as different from non-literary translation. This creative aspect cannot be over-emphasized as it constitutes one of the distinctive characteristics of literary translation. Here the translator has to recreate the writer's imagination and relive his experience so as to infuse life in the translated text. According to Lila Ray in Brislin (1976: 268):

> The translator has to enter into the mind and heart of his author, relive his experience, refeel what he felt, reperceive what he perceived.

It is therefore understandable that because of this high level of creativity, this form of translation is very different from the type discussed earlier, the type used for pedagogic purposes. Again because of this requirement of creativity, it is more often carried out on contract basis than on full-time basis.

## 2.2 Non-literary Translation

It focuses on the translation of all other varieties of texts such as letters, speeches, decisions, decrees, legal documents, scientific reports, educational, medical, political and technical documents. This is what salaried translators work on, especially in government offices in bilingual countries like Cameroon. In such countries where the job of translating is abundant and lucrative, many translators set themselves up as private translation agencies or consultancies, and others in freelance. Increasingly, the density of business in translation has also led to the setting up of schools or institutions offering professional courses in different areas of translation, leading up to a master's degree. This level is a guarantee that the student has acquired what could be referred to as *translation competence*: the ability, using appropriate tools, procedures and techniques, to transfer (or convey) the meaning or message from a text in one language (SL) into another language (TL) producing an equivalent effect on the TL audience as in the SL. Of course, depending on the degree of intensity of training this competence could be acquired even earlier.[2]

Translation has been the focus of ASTI since 1986 and the School now counts over 400 professionals trained, working in different departments of government and in different international organizations in and out of Cameroon. The school has up to now a two-year M.A. in Translation and a one-year course for the diploma in Interpretation. From 2008, ASTI will offer a B.A. degree in Translation and Intercultural Studies, raise the one year programme in interpretation to an M.A. and crown these studies at the University of Buea with a Ph.D programme. The objective, ambitious as it is, while continuing to satisfy the market demand, is to provide teaching staff for the many Translation and Interpretation schools that keep cropping up in Cameroon, Nigeria and in other parts of Africa and the world. ASTI is also expanding its programmes with certificate programmes and short courses in community interpreting, legal translation, subtitling, dubbing, computer-assisted translation, terminology; Trados etc.

## 2.3 Interpretation

In discussing non-literary translation above we unavoidably stepped into interpretation and the question that would naturally arise is whether they are one and the same thing.

In actual fact, interpretation is only different from translation in mode and process but generally speaking, both translation and interpretation work to transfer meaning from one language to another. In mode however, whereas translators translate the written word, interpreters either re-express the spoken word orally or by sign language. The major difference resides in that whereas the interpreter has to express the message into the TL instantly or simultaneously with the SL speaker, the translator takes time to write out his translation way after, often with the help of dictionaries or glossaries. Thus, the interpreter works under time and psychological pressure. Interpretation itself can take two other forms: the simultaneous and the consecutive. The simultaneous interpretation proper is done using interpretation equipment, usually within the framework of a conference setting when the interpreter sits in a booth, interpreting to participants who have earphones to listen in their own language as the main speaker speaks in a different language than theirs. In the absence of interpretation equipment, an interpreter may sit by a participant whose language is different from that of the main speaker and whisper the message directly to him/her. This is whispering interpretation. There is also the semi-simultaneous which is the interpretation that follows after the main speaker finishes each chunk or breath of speech. This lends itself to court or church interpreting (which are typical cases of community interpreting). The consecutive mode on the other hand allows the interpreter to take notes and to give his rendition immediately after the main speaker ends his intervention. This is commonly practiced in committee and working groups after plenary sessions.

Sign language interpretation is interpretation from either the spoken language into sign or from sign language into spoken language. Although different communities of the hearing-impaired have their sign language, there are few well developed ones such as the French and American sign languages. Although the interpreter like the translator requires a high level of bilingualism, the former is not expected to produce the polished style of the latter. But, a lot more than the translator, the interpreter must be well-informed about current world affairs. Often, he/she would need a third language in his/her combination. The successful completion of the professional programme in interpretation is a guarantee that you have acquired the *interpretation competence*: the ability to simultaneously or immediately re-express the message spoken in one language (SL) to a second language (TL) audience in a conference, workshop or travel setting.

Since there are a few regular jobs for interpreters, they often work as freelance where they are apparently in great demand. It must be said that whereas interpreters in general are better remunerated than translators, sign language interpreters are even better remunerated, especially when they work from sign into spoken and vice-versa. Again, it is to be regretted that sign language interpretation is little known or practiced in the African milieu and training in it is only a mooted issue for the moment. It must, however, be emphasized that sign language interpretation is not just a simple matter of numbers but over and above all, a matter of human rights.

## 2.4 Allied Areas of Translation

Because translators are often called upon to translate texts in subject areas unfamiliar to them, they must possess the skills to quickly locate background information. Most translators and interpreters are also called upon to perform tasks that require knowledge in the area of terminology and editing. It is no wonder therefore that ASTI programmes have always had a good dose of course work in terminology and as the programmes expand, will include editing so as to better equip its products to be able to respond squarely to market demands. Specifically, what additional jobs are there in these areas for the translator?

### 2.4.1 Work in Terminology

In this globalized world, languages are constantly expanding and changing in order to remain useful and relevant. For them it is also the struggle for survival. Their vocabularies must grow and expand to meet the ever increasing and expanding needs of the users of modern technologies. New vocabularies must be coined, adapted or borrowed. This new area called *Terminology* is rapidly growing into a full fledged discipline with its own theory and practice. New vocabularies thus created must be evaluated. Theory on which they are based must be reappraised. This situation calls for a career terminologist.

It should be understood from the above that the terminologist in question here should be a translator who, in addition to his/her professional baggage of knowledge, has acquired sound knowledge in linguistics, especially in the area of lexicology.

This is understandable as his job will require terminological research in identified pertinent subject areas. His work would result in the publication of glossaries or creation of data banks that translators, interpreters and writers will need. The terminologist can also render service in setting up documentation centres for public use besides his ability to provide professional advice or consultancy in these areas. Interest in the area of terminology is growing as employment opportunities grow. The snag though is that just too often, the public is unfortunately slow to see the opportunities offered and to exploit them.

*2.4.2 Editing*

In certain situations, instead of providing a straight translation to a text the preference is expressed to have the text rewritten directly in the second language. Thus, on the basis of the same documentation or source texts, two parallel write-ups: one in one language and the other in a second language could be carried out. The *raison d'être* of this is that certain texts lend more to a natural style when composed directly in a particular language. Although strictly speaking this is the job of a bilingual editor, it could as well be handled by a versatile translator since the bilingual editor needs the qualities of a translator to do the job well. This is also a potential area of intense activity with a bright future for the bilingual editor.

## Conclusion

In this paper, the distinction between translation as a pedagogical tool for foreign language teaching and translation as a discipline and occupation (indeed a profession) has been clearly drawn, allowing for no confusion. The requirements for the professional translator have also been articulated providing a detailed study of other forms of translation such as the spoken – simultaneous, consecutive interpretation and the signed. The paper has also treated some important aspects of the translation industry such as terminology and editing. It is important to note that some institutions like ASTI at the University of Buea do not only have plans for, but are effectively working and training in most of these areas of the translation industry.

## Notes

1. My appreciations to Dr Suh and Mr Tiayon for reading through this paper and making useful suggestions.

2. This paper does not subscribe to the view that translation or interpretation competence is innate or inborn (a gift from birth) since in every case it must be a*cquired* either through unconscious application or *learned* consciously through training, very unlike language competence.

## Bibliographical References

Bassnett, S., 1980, *Translation Studies*. London: Routledge.

Brislin, R. ed., 1976, *Translation: Applications and Research*. New York: Gardner Press.

Brumfit, J. C., Johnson, K., eds., 1987, *The Communicative Approach to Language Teaching*. English Language Book Society/Oxford University Press.

Catford, J. C., 1965, *A Linguistic theory of Translation*. Oxford Univ. Press.

Corder, S. P., 1973, *Introducing Applied Linguistics*, Harmondsworth; Penguin.

Delisle, J., 1980, *L'Analyse du discours comme méthode de traduction*. Ottawa : University of Ottawa Press.

Harris, B., 1977, *Papers in Tanslatology*. Ottawa University.

House, J., 1997, *A Model for Translation Quality Assessment*. Tübingen, Günter Narr Verlag.

Lefevere, A., 1977, *Translating Literature: The German Tradition from Luther to Rosenzweig*. Netherlands: Van Gorcum.

Lithuillier, J., Cormier, M. C., 1990, « Terminologie français-anglais des systèmes experts et des sujets connexes », *Meta* 35-4.

Nama, A. C., 1990, "A History of Translation and Interpretation in Cameroon from Pre-colonial to the Present" in *Meta* 135(2) 357.

Nida, E. A., 1964, *Toward a Science of Translating*. Netherlands: Leiden.

Nida, E. A., 1975, *Language Structure and Translation Essays*. A. Nida. Selected and Introduced by Anwar S. DIC. Standford University Press, California.

Richards, J. C., Rodgers, T.S., 1995, *Approaches and Methods in Language Teaching. A Description and Analysis*. Cambridge University Press.

*University of Buea Syllabus* – 2003.

*University of Ottawa Calendar* 1990 – 1991.

Wayne, D. C., 1991, Descriptive Terminology: Some theoretical implications in *Meta* Vol. 36 – 1).

# 2

## Traduction pédagogique et traduction professionnelle : Une mise au point

### Alexandre Ndeffo Tene & Emmanuel N. Chia

La notion de traduction est à l'origine d'une confusion (préjudiciable aux métiers de traducteur et d'interprète et à leur perception dans la société). D'une part, l'idée selon laquelle il suffit de maîtriser tant bien que mal deux langues pour pouvoir traduire est tenace, même à l'université. D'autre part, nombreux sont ceux qui ne font pas la différence entre les exercices de thème et de version dispensés dans le cadre de cours de langues et la traduction professionnelle. C'est peut-être cet amalgame qui inspire les tentatives, de plus en plus nombreuses, « réconcilier » les deux activités. (Voir par exemple Kaur Kulwidr, 2005 et Angeles Carreres, 2006).

En raison de cette confusion, les enseignants de langue n'organisent pas toujours leurs enseignements comme ils le devraient, et encore moins l'évaluation de leurs élèves (par exemple, au lycée, l'anglais pour les francophones et le français pour les anglophones, ainsi que différentes langues étrangères telles l'allemand et l'espagnol en plus du français et de l'anglais dans les départements de philologies étrangères des universités).

Conséquence : les cours de langues ne sont pas toujours efficaces. Comment expliquer qu'au Cameroun les bacheliers francophones par exemple ne puissent pas parler couramment l'anglais après sept ans de cours ? Ou que les étudiants de philologie étrangère ne parlent pas couramment ni n'écrivent correctement l'objet de leurs études après trois ans d'université ?

Il existe certainement d'autres raisons qui expliquent cet état de fait, mais nous nous concentrerons ici sur l'exercice de thème / version.

Une autre conséquence est que la traduction professionnelle n'est pas toujours considérée avec le sérieux qu'elle mérite : elle est par conséquent souvent exercée par des individus qui n'ont pas toujours pris le temps ni la peine de se former, leurs malheureux clients s'apercevant trop tard qu'ils ont perdu un temps (et parfois un argent) précieux.[1] Les produits qu'ils diffusent sont souvent acceptés par un public ignorant comme étant le fruit d'un travail convenable, ce qui ternit l'image de la profession. En conséquence, les professionnels doivent lutter en permanence pour corriger cette image.

Le présent article poursuit un triple objectif. Il s'agit d'abord de faire la mise au point qui s'impose. Ensuite, il est question de contribuer à une amélioration de la didactique des langues en amenant les enseignants à prendre conscience de la nécessité de donner à l'exercice de thème / version la place qui est la sienne dans ce processus et à l'organiser comme il se doit. Enfin, nous espérons rendre à la traduction professionnelle la place et la considération qu'elle mérite.

La mise au point consistera ici, pour l'essentiel, à redéfinir l'un et l'autre, c'est-à-dire la traduction professionnelle et l'exercice de thème / version, tout en situant chacune de ces deux activités dans le contexte qui lui est propre. Il conviendra ensuite de relever, d'une part, les éléments sur lesquels se fonde la confusion qui règne et, d'autre part, les différences fondamentales qui se dégagent et qui distinguent les deux « types de traduction. »

## 1. La traduction professionnelle

Les praticiens et les théoriciens de la traduction s'accordent sur le fait que leur métier consiste en la reproduction, dans une langue (la langue cible), du contenu et du style d'un énoncé formulé dans une autre langue (la langue source). Cette définition a été ainsi résumée par nombre d'auteurs, notamment Vinay et Darbelnet (1965), Eugene Nida (1964), J.-C. Catford (1965), etc.

La principale implication qui se dégage de cette définition est que le traducteur professionnel, parce qu'il *reproduit* le travail d'autrui (même s'il le fait dans une autre langue), doit être en mesure de comprendre le message qu'il reformule, mais également d'identifier le style pour pouvoir le recomposer. Le travail préliminaire qui précède la traduction proprement dite – parce qu'il la prépare – est donc une analyse du texte à traduire. Une telle analyse est capitale parce que le produit fini devra refléter l'auteur du texte de départ. Celui-ci, surtout s'il a écrit un texte littéraire, a utilisé la langue « avec une intention esthétique. Il veut faire de la beauté avec les mots, comme un peintre en fait avec les couleurs et le musicien avec les sons. » (Cressot et Tames 1989 : 17).

La deuxième implication, qui découle de la première, est que le traducteur est une sorte de caméléon qui s'adapte au milieu dans lequel il se trouve. En d'autres termes, le traducteur professionnel change de « peau », c'est-à-dire de domaine et de style, en fonction du texte – donc de l'auteur – qu'il a en face de lui. Le domaine à traiter et le type de texte peuvent en effet changer d'un donneur d'ouvrage à l'autre, ou d'un texte à l'autre. Le traducteur doit en permanence reproduire l'esprit du texte de départ (et donc de son auteur), mais également respecter l'esprit de la langue d'arrivée : le texte produit devra parfaitement s'intégrer dans la culture cible dans la mesure où il devra tenir compte des normes de la langue cible.

En plus d'une parfaite maîtrise de ses langues de travail, d'une culture générale étendue, de compétences en analyse de texte et en rédaction, le traducteur professionnel, pour répondre aux attentes de ses donneurs d'ouvrage, a besoin de cultiver des réflexes de chercheur pour s'adapter en permanence aux défis qui ne manquent pas de pimenter son quotidien.

## 1.1 Pratique de la traduction

Nous l'avons vu plus haut, le traducteur est avant tout un communicateur. Comme on écrit pour communiquer avec son public cible,[2] on traduit pour élargir ce public en incluant des communautés étrangères à celle de l'auteur. Le traducteur est donc un spécialiste non seulement de la communication, mais de la communication interculturelle. Il navigue en permanence entre deux (ou plusieurs) langues et cultures. C'est grâce à son travail que les entreprises arrivent à pénétrer un marché étranger, que des communautés étrangères l'une à l'autre arrivent à communiquer, que la littérature traverse les frontières - tant géographiques que temporelles - et (sur)vit au-delà de la communauté des auteurs.

La traduction constitue véritablement un pont entre cultures. La responsabilité du traducteur dans ce processus de communication est immense. Pour l'assumer efficacement, une solide formation est nécessaire, qui viendra compléter et orienter les compétences décrites plus haut.

## 1.2 Didactique de la traduction

Le bilinguisme, même (presque)[3] parfait, ne peut être assimilé à une compétence de traducteur.[4] Il constitue seulement l'une des conditions pour accéder à la formation (dans un institut spécialisé ou en autodidacte). Les autres sont, comme nous l'avons mentionné plus haut (1. La traduction professionnelle), une bonne culture générale (qui doit être étendue quotidiennement, d'où), une curiosité liée à une aptitude à faire des recherches, d'indéniables qualités de rédacteur, qui ne vont pas sans un esprit analytique et un esprit de synthèse.

L'objectif de la formation est, cela va sans dire, à préparer l'étudiant à jouer pleinement son rôle de communicateur interculturel, en relevant tous les défis que comporte ce rôle. Celui-ci consiste, nous l'avons vu, à répondre aux besoins (très variés) de ses donneurs d'ouvrage.

S'il est vrai que l'étudiant a besoin de ces qualités pour accéder à la formation et pouvoir en bénéficier, il est également vrai que l'enseignant doit avoir certaines compétences et certaines qualités indispensables pour que la chaîne de la formation soit bouclée. Le formateur du traducteur doit être lui-même traducteur. Cela va sans dire. Utilisons une image simple : pour guider quelqu'un sur un chemin, il faut le connaître pour l'avoir parcouru plusieurs fois, et il faut y cheminer avec celui qu'on guide pour lui montrer non seulement quelle direction prendre et les haltes (points de ravitaillement et points de repos) à observer, mais également lui indiquer les pièges qui jalonnent son chemin et la manière de les contourner.

L'enseignant de traduction doit donc être un traducteur qui a été formé à ce métier et qui l'exerce (ce qui lui permet de rester en contact avec le marché et au courant de son évolution). Ce qui signifie qu'il doit avoir les qualités du candidat traducteur décrites plus haut, complété par une solide formation, une expérience certaine et des qualités de pédagogue. Peter Newmark, lui-même formateur de traducteurs, n'exprime-t-il pas la même idée à sa manière ?

« The translation teacher should have a *fortiori*, preferably from professional experience, the four professional translator's skills, all of which can be acquired if the motive and the milieu are there: (a) sensitivity, fingertip feeling for written and spoken language, the ability to discriminate nuances of the language of your habitual use, and to write elegantly, neatly, plainly, tersely and naturally in a number of stylistic registers; (b) a wide knowledge of your language and culture of habitual use including an extensive vocabulary and the basic institutional and geographic facts, and as a teacher, the metalanguage derived from a grounding in linguistics to describe and categorise linguistic terms; (c) a good if temporary knowledge of the topic(s) (…); (d) knowledge of two or three foreign languages and cultures. » (Newmark 1991: 130).

Ce profil du formateur est indispensable parce que, si la formation prévoit des cours théoriques, elle consiste surtout en des travaux dirigés au cours desquels le formateur explique, étape après étape, comment résoudre les problèmes qui se posent. Seule son expérience du métier le rendra capable d'anticiper les besoins de ses étudiants et de les préparer à faire face à leurs responsabilités le moment venu.

1.3 Récapitulatif

Nous pouvons conclure cette première partie en retenant un certain nombre de choses :

a) La maîtrise des langues n'est qu'une des conditions à remplir pour accéder à la formation en traduction ; elle ne saurait être assimilée à une compétence en traduction. Lefevere et Basnett (1990 : 11) le rappellent :

> "We have come far from a certain concept of equivalence which held, in practice, that anybody with fairly good knowledge of two languages supplemented by a fairly good dictionary, should be able to produce fairly decent translations. Since languages express culture, translators should be bicultural, not bilingual."

b) Cette compétence n'est donc pas innée. Une formation est nécessaire, qui indique à l'apprenant comment utiliser ses compétences linguistiques et les autres aptitudes nécessaires à la pratique du métier de traducteur. Les limites du traducteur naturel ont déjà été démontrées.

c) La nécessité de se cultiver en permanence va de soi. Le champ des connaissances grandit sans cesse, et le traducteur, qui sert souvent de relais à leur vulgarisation, se doit d'être à la page pour pouvoir rendre efficacement le service attendu de lui. Le fait que le traducteur maîtrise de mieux en mieux ses langues de travail au fil du temps (comme le fait remarquer Carreres) ne devrait pas suffire pour justifier que la traduction (professionnelle) soit considérée comme un outil efficace d'enseignement / d'apprentissage de langues étrangères (voir l'expérience de Petrocchi, 2005).

d) De même, la constance dans la pratique est nécessaire. Un athlète qui arrêterait de s'entraîner perdrait progressivement son adresse ; pareillement, un traducteur qui n'exerce pas régulièrement s'expose au risque de voir ses compétences diminuer.

Voyons à présent la place de la version et du thème dans une classe de langue étrangère.

## 2. L'exercice thème / version en didactique des langues

Parmi les exercices auxquels sont soumis les apprenants de langues étrangères figurent le thème et la version. Ces exercices permettent aux enseignants de vérifier les connaissances qu'ils ont dispensées, et de juger les performances acquises par leurs élèves.

Etant donné que ces exercices consistent, *grosso modo*, à transposer dans une langue le contenu d'un texte formulé dans une autre langue, le rapprochement est vite fait avec l'exercice de la traduction tel qu'il est pratiqué dans les centres de formation spécialisés dans cette discipline et pratiqué par les traducteurs professionnels. Or il se trouve que ce point commun est à peu près le seul entre l'exercice de thème / version et la traduction professionnelle.

Lorsqu'on apprend une langue étrangère, on est plongé dans un univers linguistique et culturel différent de celui dans lequel on évolue habituellement. Chaque langue représente, outre un système linguistique (lexique, syntaxe, morphologie, phonétique), un système de pensée distinct de celui des autres. L'apprenant doit mémoriser de nouveaux mots, se familiariser avec une nouvelle grammaire, assimiler une nouvelle manière de voir le monde. Une langue étrangère s'apprenant toujours par rapport à celle que l'on maîtrise déjà, une comparaison est effectuée en permanence, même inconsciemment.

Quelle est la place du thème et de la version dans ce processus ?

## 2.1 Thème

C'est la traduction en langue étrangère (celle qui est enseignée) d'un texte rédigé dans la première langue de l'apprenant. Une idée est clairement exprimée dans la langue de l'apprenant d'une langue étrangère. Celui-ci est chargé de l'exprimer dans la langue qu'il apprend.

Il s'agit ici d'un exercice d'expression. L'enseignant évalue la capacité de l'apprenant à exprimer, dans la langue qu'il apprend, une idée précise. En d'autres termes, il s'agit de voir dans quelle mesure il maîtrise suffisamment les mécanismes de la langue en cours d'apprentissage pour exprimer avec précision une idée claire.

## 2.2 Version

A l'inverse du thème, il s'agit ici, pour l'apprenant d'une langue étrangère, de reproduire dans sa première langue un texte formulé dans la langue étrangère qu'il apprend.

Ici, l'apprenant doit montrer qu'il comprend la langue qu'il apprend. Il le prouve en reformulant une idée exprimée dans la langue étrangère.

## 2.3 Remarques

Pour que les exercices de thème et de version jouent pleinement le rôle qui est le leur dans le processus d'apprentissage / d'enseignement des langues, les textes choisis doivent tenir compte du niveau atteint en grammaire et en vocabulaire. Toutefois, comme le fait remarquer Ladmiral (1979 : 47ss), l'idée même qui justifie le thème est absurde,[5] dans la mesure où cet exercice implique que l'apprenant (qui, par définition, n'a aucune compétence dans la langue qu'il apprend) soit en mesure de s'exprimer dans celle-ci, c'est-à-dire de présenter la preuve de compétences qui, en principe, ne devraient, au mieux être acquises qu'à l'issue du cursus. C'est la raison pour laquelle la finalité de cet exercice doit être bien claire et les textes choisis correspondant au niveau atteint dans le cours.

Dans un contexte où les tâches ou modules d'enseignement sont répartis entre plusieurs enseignants, celui qui dispense le thème / la version, s'il n'est pas celui qui a enseigné la grammaire et le vocabulaire, devra idéalement consulter ses collègues avant de choisir le texte de l'exercice en tenant compte du niveau atteint ou des objectifs visés. L'enseignement n'en sera que meilleur et l'apprenant profitera au mieux des cours dispensés.

## 3. Bilan

Le couple thème / version relève de la didactique des langues : ce sont les apprenants qui le pratiquent. Nous nous trouvons ainsi à un bout de la chaîne, à la case de départ dans le voyage avec la langue étrangère.

La traduction relève de la communication : ce sont des professionnels maîtrisant déjà leurs langues de travail et les cultures concernées qui la pratiquent. Ici, nous sommes à l'autre bout de la chaîne, opposé au premier.

L'apprenant d'une langue peut, plus tard, devenir traducteur. Ce ne sera pas la pratique du thème et de la version qui l'y auront préparé (même si elle peut lui avoir donné une idée – très vague – du monde de la traduction et lui avoir donné envie d'apprendre ce métier), mais la parfaite maîtrise des langues qu'il apprend, une connaissance approfondie de la culture liée à ces langues, d'indéniables aptitudes de rédacteur et de communicateur, ainsi que d'une solide formation au métier de traducteur.

Le destinataire de la feuille de thème ou de version est l'enseignant ; c'est un outil de contrôle de connaissances et d'aptitudes dont se sert l'enseignant pour mesurer le chemin parcouru et planifier les cours ultérieurs. Il s'agit ici, pour reprendre Ladmiral (1979 : 41), d'un « test de performance censé fonctionner comme test de compétence (compétence-cible et compétence-source). »

Le destinataire d'une traduction est un public qui ne maîtrise pas la langue dans laquelle le texte de départ a été rédigé. Il ne doit pas nécessairement se rendre compte qu'il lit une traduction. C'est le message contenu dans le texte qui l'intéresse – et, s'il a affaire à un texte littéraire, le style de l'auteur du texte d'origine. Il est question pour le traducteur « de produire ce qu'on appelle justement « une traduction », c'est-à-dire un texte cible destiné à la publication et à la lecture (…), dont la fonction explicite et exclusive est de nous dispenser de la lecture du texte-source original. » (Ladmiral 1979 : 41) La traduction produite se substitue à l'original et le représente dans une communauté étrangère.

Si l'enseignant de traduction doit être un professionnel qui partage son expérience avec ses étudiants, l'enseignant de thème / version, donc de langue, n'a pas besoin d'avoir appris à traduire. (Un traducteur professionnel ne serait d'ailleurs pas à sa place dans une classe de thème / version parce que ses attentes auraient tendance à être différentes à l'objectif de ce cours.) De même, un enseignant de langue qui a l'habitude de dispenser ses cours en utilisant l'exercice de thème / version ne devrait pas avoir l'impression qu'il forme des traducteurs. Il serait absurde de penser que l'exercice de thème / version prépare à l'exercice de la traduction professionnelle;[6] mais il serait également absurde d'imaginer qu'il est possible d'apprendre une langue étrangère en suivant des cours de traduction (professionnelle).

L'expérience rapportée par Valeria Petrocchi (2006) est assez significative à cet égard. Elle dit utiliser dans ses cours de langue, et avec un certain succès, son expérience de traductrice et base ainsi ses cours sur des exercices pratiques de traduction de textes tirés de différents domaines de spécialité. Ses étudiants apprendraient ainsi – en traduisant ! – le jargon de différents domaines et différents niveaux de langue. L'auteur omet cependant de décrire le résultat obtenu. Deux questions fondamentales restent ainsi sans réponse. a) Quel niveau de compétence atteignent ses élèves grâce à cette méthode ? b) Ces élèves acquièrent-ils dans la foulée une compétence en traduction ?

Concluons avec Ladmiral en revenant sur une mise au point qu'il a formulée il y a presque trente ans, mais qui n'a rien perdu de sa pertinence :

« La pédagogie des langues (vivantes étrangères) entretient avec la traduction des rapports au moins ambivalents » (Ladmiral 1979 : 24). « Mais il faut tout de suite préciser qu'il y a là deux choses bien différentes. La pédagogie (ou didactique) des langues et la théorie de la traduction constituent les deux domaines principaux de ce qu'il est convenu d'appeler la Linguistique Appliquée ; mais ce sont deux domaines qu'il faut bien distinguer dans la mesure où la « traduction » telle qu'on l'enseigne, telle qu'on la pratique au sein de l'institution pédagogique (thème/version) obéit à des contraintes spécifiques qui en font un simple exercice, limité par tout un ensemble de scotomisations et donc relativement artificiel, n'ayant pas grand-chose à voir avec la production réelle d'une traduction proprement dite. » (Ladmiral 1979 : 115)

## Notes

1. Il est assez courant que des traducteurs professionnels (c'est-à-dire ceux qui ont reçu une formation formelle dans une institution spécialisé, ou qui se sont formés en autodidactes, et qui peuvent vivre de ce métier parce qu'ils ont un portefeuille suffisant de clients qui paient pour un service dont ils sont satisfaits) aient à recommencer des travaux réalisés par des personnes (même parfaitement bilingues) qui se sont basées sur les exercices de thème et de version effectués au lycée ou à l'université pour se présenter chez leur client comme traducteurs. L'idée saugrenue selon laquelle une compétence dans deux langues équivaudrait à une compétence en traduction a malheureusement la peau dure.

2. Qu'il s'agisse d'un article de journal, d'un tract politique, d'un mode d'emploi, d'un guide touristique, d'une pancarte, d'une affiche publicitaire, d'un poème ou d'un roman, chaque texte est un instrument de communication, une perche que l'auteur tend à son lectorat. Autant les textes et les types de texte sont variés, autant le sont les motivations des auteurs.

3. Cette parenthèse est justifiée par le fait qu'il est impossible de parler d'égale maîtrise de deux langues (quel serait le critère de jugement ?). En d'autres termes, le bilinguisme parfait n'existe pas. C. Thiery (1978 : 146) fait la différence entre la langue maternelle (qui est apprise par l'enfant par « immersion », c'est-à-dire en réagissant naturellement à son environnement dans le but de communiquer avec lui) et les autres langues acquises plus tard, qui sont apprises par rapport à la langue maternelle et sont, par conséquent, des langues secondes.

   Voir également Carreres qui résume, avant de les réfuter, les arguments contre l'utilisation de la traduction en didactique des langues.

4. cf Delisle (1980 : 34) : « Beaucoup de profanes croient qu'il suffit de connaître deux langues pour être en mesure de traduire. Cette conception simpliste explique en partie l'imposture dans laquelle se

placent de nombreux « faux » bilingues qui s'improvisent traducteurs professionnels en se croyant aptes à pratiquer d'emblée ce métier. La création d'écoles de traducteurs à travers le monde depuis une trentaine d'années est une reconnaissance implicite du fait que le bilinguisme n'est pas suffisant pour donner à quiconque une compétence de traducteur professionnel. »

5. À la même époque, Catford (1967) indique les raisons pour lesquelles les objectifs de cette méthode ne sont pas toujours atteints. Il estime que ce sont les enseignants qui ne comprennent pas toujours le bien-fondé de l'exercice. Le problème, explique-t-il, n'est « pas tant d'employer la traduction que de mal l'employer. Faisant une confusion entre l'équivalence de traduction et l'équivalence formelle, cette méthode de « traduction grammaticale » présentait, par exemple, les systèmes français et anglais d'articles définis, indéfinis et partitifs comme s'il y avait toujours équivalence de traduction. »

6. Ozidi Bariki (2004 : 132) rapporte les résultats d'une enquête menée auprès d'étudiants de langue de neuf universités au Nigéria : Les exercices de thème et de version dispensés dans les départements de français de ces universités ont donné à 80% des élèves interrogés l'envie de devenir traducteurs plus tard. Mais trois cinquièmes de ces étudiants ont estimé que les exercices effectués en classe leur suffisaient comme formation pour exercer efficacement le métier de traducteur.

L'on ne peut s'empêcher de penser que cette idée erronée a été inspirée aux étudiants, directement ou indirectement, par les enseignants parce que ceux-ci n'auraient pas fait la part des choses. Peut-on imaginer que la différence n'est pas toujours très claire, pour eux non plus, entre traduction pédagogique et traduction professionnelle ?

## Bibliographie

Bariki, O., 2004, « La traduction universitaire au Nigéria. Constitution et pédagogisation ». *Babel* 50 : 2, pp. 132-142.

Carreres Angeles, 2006, "Strange Bedfellows: Translation and Language Teaching. The Teaching of Translation into L2 in Modern Languages Degrees. Uses and Limitations." http://www.cttic.org/ACTI/2006/papers/carreres.pdf

Catford, J.-C., 1965, *A Lingusitic Theory of Translation*. Oxford: Blackwell.

---1967, « La traduction et l'enseignement des langues ». Conseil de la coopération culturelle du Conseil de l'Europe : *Les Théories linguistiques et leurs applications*, AIDELA, pp. 123-152.

Cressot, M., Tames L., 1989, *Le style et ses techniques*, Paris, PUF.

Delisle Jean, 1980, *L'analyse du discours comme méthode de traduction*, Ottawa, Presses de l'Université d'Ottawa.

Kaur Kulwidr, 2005, "Parallelism Between Language Learning and Translating". Vol. 9, N° 3, July 2005, http://accurapid.com/journal/33edu.htm

Kaya Burce, 2007, "The Role of Bilingualism in Translation Activity". *Translation Journal*, Vol. 11, N° 1, January 2007, http://accurapid.com/journal/39bilingual.htm

Ladmiral Jean-René, 1979, *Traduire. Théorèmes pour la traduction*, Paris, Petite Bibliothèque Payot.

Lavault Elisabeth, 1998, « Traduction en simulation ou en professionnel : le choix du formateur », in *Meta*, XLIII, 3.

Lavault Elisabeth, 1985, *Fonctions de la traduction en didactique des langues*, Paris.

Lefevere André & Basnett Susan, 1990, *Translation: History and Culture*. London: Pinter.

Newmark Peter, 1991, *About Translation*, Clevedon: Multilingual Matters.

Nida, E. A., 1964, *Towards a Science of Translation*. Leiden: E. J. Brill.

Petrocchi Valeria, 2006, "Translation as an Aid in Teaching English as a Second Language." *Translation Journal*, Vol. 10, N° 4, Oct. 2006, http://accurapid.com/journal/38teaching.htm

Thiery, C., 1978, "True bilingualism and second-language learning" in Gerver, D. & Sinaiko, H. (Eds.), *Language, Interpretation and Communication*. New York: Plenum Press. pp. 145-153.

Valero-Garces Carmen, 2000, "Translating as an Academic and Professional Activity". *Meta*, XLV, 2, pp. 378-383.

Vinay, J. P., Darbelnet, J., 1965, *Stylistique comparée du français et de l'anglais*, Paris : Didier.

# II

# History of Translation

# 3

## Histoire de la traduction et de l'interprétation en pays beti : De la période coloniale à nos jours

Moïse Ateba Ngoa

L'histoire de la traduction et de l'interprétation en pays beti a connu des fortunes diverses en fonction des différents protagonistes impliqués et des époques considérées. Il s'agit, dans la présente étude, de parcourir l'ensemble de ces époques pour montrer le parcours effectué par l'opération traduisante dans le pays beti de la période coloniale à nos jours et d'évaluer la contribution des différents acteurs de cette histoire de la traduction et de l'interprétation interlinguales dans la société beti. Mais avant toute chose, il est judicieux de définir certains concepts-clés utilisés dans le cadre du présent travail, notamment ceux de Beti et de pays beti.

Bon nombre de chercheurs tels que Laburthe-Tolra (1981) et Jean-Pierre Ombolo (1998) entre autres se sont penchés sur la question. En effet, ce dernier écrit à ce sujet : « Il existe en effet un pays Beti [sic]. Il a pour assise un territoire géographiquement bien délimité et dont la réalité a été prise en compte dans les découpages administratifs de la région du centre et du sud du Cameroun. »[1] Par ailleurs, ces travaux édifiants présentent les Beti comme un sous-groupe de l'ethnie pahouine. De l'avis de Jean-Pierre Ombolo, la plupart des Beti étaient installés au nord du fleuve Sanaga mais ceux-ci ont par la suite entrepris un mouvement migratoire en direction des forêts du sud du fleuve pour des raisons d'ordre économique. C'est ainsi que l'on retrouve les tribus établies au nord de la Sanaga. Il s'agit des Bati, des Ngoro, des Kombe, des Badjou, des Bavek, des Yangafuk. Les tribus établies de part et d'autre de la Sanaga comprennent les Tsinga-Betsinga, encore appelés Batchenga et les Mvele qui se trouvent au bord de la Sanaga et au nord de Yaoundé. Puis il ya des tribus ayant traversé en totalité la Sanaga. Il s'agit des Manguissa, des Eton, des Ewondo, des Etudi, des Etenga, des Yanda, des Evuzok, des Bene, des Fong, des Mbida-Mbani et des Mvog Nyengue. A ces tribus s'ajoutent celles qui sont pahouinisées ou en voie de pahouinisation pour avoir marché dans le sillage des Beti. C'est le cas des Bamvele et des Yekaba. Enfin, il ya les tribus pahouinisées ou en voie de pahouinisation trouvées sur place par les Pahouins. Ce sont les Pygmées, les Maka, les Mabéa et les Kozime constitués de l'ensemble Dzem, Dzimou et Badzoué. Mais au-delà des critères d'ordre ethnique sus-évoqués, il apparaît que le concept de Beti déborde largement ce cadre et connaît une extension considérable. Il est par exemple difficile d'imaginer un groupe beti sans les Fang et les Boulou en raison du système culturel que ces tribus ont en commun avec les autres tribus pahouines. C'est dire que ceux-ci sont pris en compte et font désormais partie intégrante du grand ensemble beti. En outre, le terme *Beti* peut être considéré comme le pluriel de *Nti* qui signifie seigneur ou noble. D'où le titre évocateur de l'ouvrage de Philippe Laburthe-Tolra consacré à l'étude de la société beti : « Les Seigneurs de la forêt : Essai sur le passé historique, l'organisation sociale et les normes éthiques des anciens Beti du Cameroun » (1981). L'utilisation qu'en fait Charles Atangana Ntsama, chef supérieur ewondo et benë permet de voir ce terme en contexte dans les *Jaunde Texte* ou Textes ewondo publiés en 1913. En effet, dans le texte de la conférence qu'il donne en Allemagne (Texte 46, p. 121-129), le conférencier s'adresse en ces termes aux Allemands : « a mintomba mi biningna ai beti befam ».[2] Ce propos est traduit en français par Jean-Marie Essono et Philippe Laburthe-Tolra par « Honorables Dames et Messieurs, »[3] ce qui laisse comprendre que les Allemands auxquels il s'adresse sont *beti befam* rendu par « Honorables Messieurs. » Il s'agit là d'un terme que l'on rencontre généralement sous forme de substantif, mais qui fonctionne ici comme un adjectif, synonyme de *mintomba* c'est-à-dire « nobles » ou « honorables. »

Les contacts du pays beti avec les explorateurs européens venant de la côte remontent vers 1887. Les Allemands vont partir de Kribi et de Grand-Batanga pour atteindre le Centre, le Sud-Est et le Sud du Cameroun. La première expédition conduite par Kund et Tappenbeck quitte Grand-Batanga, traverse tout le pays Ngoumba et la vallée du Nyong. Cette expédition arrive à Yaoundé en décembre 1887. Yaoundé devient alors le point de départ des expéditions allemandes vers les régions de l'Est du Cameroun. Vers les années 1890, les Allemands empêchent les migrants boulou d'avancer plus loin vers la côte alors que ceux-ci n'étaient plus loin de Kribi, un lieu stratégique pour le contrôle du commerce entre la côte et l'intérieur du pays. En septembre 1899, les Boulou attaquent Kribi mais sont vaincus. Des centaines d'entre eux sont déportés dans les plantations et Charles Atangana Ntsama est recruté, pour servir de médiateur linguistique entre ceux-ci et les Allemands. En effet, en août 1900, il est réclamé par l'administrateur de Victoria (Limbé), ville dans laquelle il avait appris le métier d'infirmier et où il exerça à l'hôpital pendant six mois en qualité de secrétaire, d'infirmier et d'interprète beti. Puis, il se fait affecter comme interprète à Yaoundé en 1902.

La création du poste de *Jaunde* ou *Yaunde* a lieu en 1888 par le capitaine Kund et le lieutenant Tappenbeck. Zenker entreprend le 5 novembre 1889 avec Kurt Morgen et cent trente porteurs la marche vers le poste de Yaoundé qu'ils atteignent le 30 novembre de la même année. Zenker s'entoure alors vers 1890 des services d'Embolo, fille du chef Tsumgimbala Ngomo qui va se charger de lui enseigner les mœurs et la langue ewondo. Celle-ci va en outre traduire pour lui jusqu'aux messages du tam-tam, instrument qui, à l'époque, constitue l'un des moyens de communication les plus rapides mais dont la compréhension des messages codés nécessite une longue initiation. Le résultat de cette collaboration est l'article que Georg Zenker publie en 1895 sous le titre *Yaunde*, à la suite d'une ébauche commencée en 1891 et terminée l'année suivante qui s'intitule *Das Jaunde Land* c'est-à-dire « Le pays ewondo ». Cette monographie a fait l'objet d'une traduction française par Philippe Laburthe-Tolra (1970) alors qu'il était chargé d'enseignement à la Faculté des Lettres et Sciences Humaines de l'Université fédérale du Cameroun à Yaoundé. En réalité, le nom Jaunde ou Yaunde, plus tard Yaoundé est né d'une déformation transcrite par les explorateurs allemands Kund et Tappenbeck du mot ewondo-Jewondo-Jawonde-Jaunde-Yaunde-Yaoundé, due aux réalisations des locuteurs non natifs de l'ewondo, des porteurs batanga en l'occurrence. Les locuteurs ewondo se servent encore de ce nom pour désigner Yaoundé qu'ils appellent toujours *Ewondo*. Il ne s'agit donc pas, comme le prétend Georg Zenker (*Yaunde*, 1895), d'un mot qui vient du terme « owondo » qui signifie « arachide ».

Un autre personnage féminin, Ngosso, fille d'Onambele Ela jouera également le rôle d'interprète et d'informatrice à la Station de Yaunde. L'efficacité de cette communication rendue possible grâce à la traduction et l'interprétation explique le fait que le gouverneur Von Puttkamer se soit fait entourer par les mêmes « services linguistiques » pour mener à bien sa mission en terre beti. De la même façon, lorsque Dominik est nommé à la place de Zenker à Yaunde, poste désormais devenu « Station gouvernementale impériale » indépendante de Kribi, il confère une importance considérable à son interprète, Charles Atangana Ntsama, le même qui sera chargé d'enseigner l'ewondo à l'université de Hambourg en Allemagne qui avait ouvert une chaire de linguistique africaine. De l'avis de Philippe Laburthe-Tolra (1970), il était impossible d'approcher Dominik sans passer par cet interprète qui lui avait été confié avec son frère, Tsungi, alors qu'ils étaient encore tout jeunes, par leur oncle, Esomba Ngonti, l'ami de Dominik.

Hermann Nekes, l'auteur de *Vier Jahre in Yaunde* (1905) a contribué de manière significative à la connaissance de la langue ewondo et notamment de l'épanouissement de la traduction dans le pays beti. C'est probablement du fait de cette importante contribution à l'essor de la traduction de et en ewondo que Nekes est considéré comme le pionnier de la traduction en ewondo pendant la période coloniale allemande. Il est chargé par Monseigneur Henri Vieter, premier évêque du Cameroun de 1904 à 1914 de traduire, avec la collaboration de Joseph ou Yosef Ayissi, la première catéchèse en ewondo dont le titre est *Katekismus vikariat-apostolis ya Kamerun ayegelë bekristen ye ewondo* (1910), un ouvrage destiné aux chrétiens beti. Dans le cadre de la dissémination de la foi, les premiers catéchistes beti, notamment Joseph Ayissi et Pius Otu sont effectivement associés à la traduction de textes liturgiques en ewondo, dans le but de les rendre accessibles aux populations-cibles. Joseph Ayissi et le père Hermann Nekes ont par ailleurs traduit un livre de prières en langue ewondo dont le titre est *Jaunde Gebetbuchlein Tägeliche Gebte und andere Bebte* c'est-à-dire petit livre de prière en ewondo, prières quotidiennes et autres prières. L'ouvrage qui se présente sous forme de document bilingue allemand-ewondo, propose au lecteur des prières quotidiennes et spéciales. Cette collaboration a par ailleurs permis la publication de *Milan mi Bibel* (1911) qui est la traduction en ewondo de récits bibliques.

À sa suite, l'on pourrait évoquer Martin Heepe, l'auteur de *Die Trommelsprache der Jaunde in Kamerun* (1919/1920). Il a le mérite d'avoir traduit en allemand l'ouvrage *Jaunde texte* de Charles Atangana Ntsama en lui donnant le titre de *Jaunde Texte von K. Atangana und P. Messi* (1919) pour marquer la contribution de Paul Messi, le neveu de Charles ou Karl Atangana Ntsama qui a enrichi les textes de son oncle et l'édition complète de 1919 est le fruit de cette collaboration. L'année suivante, Martin Heepe publie une nouvelle traduction allemande des Jaunde-Texte (textes ewondo) de Paul Messi. Cette traduction porte le titre de *Weitere Jaunde-Texte von Paul Messi* (1920) ou autres textes ewondo de Paul Messi. En 1926, le même Martin Heepe et Hermann Nekes mettent à la disposition du public leur *Dictionnaire ewondo* intitulé *Jaunde-Wöterbuch*. A leur suite, Mgr René Graffin et François Pichon, auteurs d'une grammaire ewondo en 1930 publient l'un des tout premiers dictionnaires ewondo-français en 1940 et l'intitulent *Kalara afelan bibuk ewondo ai fulansi*. Le deuxième va recourir à la traduction pour des besoins pédagogiques. C'est dans ce cadre qu'il met à la disposition du public les *Petits syllabaires ewondo et français, Man kalara ya yege nlanan ai ntilan ewondo ai fransi* (1944).

Mais ce n'est véritablement qu'avec la publication du 'Nleb bekristen', journal des missionnaires qui commence à paraître régulièrement dès 1936 que le travail de traduction en ewondo s'intensifie. Très tôt, certains Camerounais se mêlent à cette entreprise. Tel est le cas de Foe Amougou André, écrivain-interprète qui, en 1937 a traduit en français l'ouvrage du chef de groupement et doyen Bané intitulé: *La Formation de la race Bané*.

Une deuxième génération va bientôt voir le jour. Elle est composée d'écrivains-traducteurs. L'un des plus éminents d'entre eux est l'abbé Théodore Tsalla, prêtre de l'Archidiocèse de Yaoundé ordonné en 1935 et décédé en 1979. Il est, entre autres, l'auteur d'un ouvrage de référence, le dictionnaire ewondo-français publié en 1957 et qui fait toujours autorité à cette date. Il est par ailleurs l'auteur d'un document qui se veut le résumé de la sagesse beti et de l'ouverture de cette culture au monde. Il s'agit de *Mille Proverbes beti (Minkana beti minyed awoom ayi fus)* ou la société beti à travers ses proverbes, dont la première édition ronéotypée date de 1973. Ce document est destiné aux personnes désireuses de connaître et/ ou d'étudier la langue et la sagesse beti [sic] comme le déclare le préfacier, l'abbé Jacques Philippe Tsala Tsala pour qui l'auteur est l'un des pionniers des études sur les Beti. On y compte également l'abbé Mvogo Wenceslas, ordonné prêtre en 1957 et auteur de multiples ouvrages, dont *Ongola*, l'appellation ewondo de Yaoundé, ce qui signifie *clôture*, probablement du fait de la clôture entourant la station de Yaoundé. De l'avis de Philippe Laburthe-Tolra (*Yaoundé d'après Zenker*, 1970), la Yaunde-Station était enfermée dans un périmètre de fort carré, avec ses postes de garde aux quatre angles et comportait un fossé et une clôture de bois. Cette version est confirmée par l'abbé Mvogo Wenceslas qui raconte ici l'arrivée des Allemands à Yaoundé :

> *Ndo angabo na, eyon Ndzaman bësoo a Kribi, bëza babug afan, në bëzu kui a zan nnam, mbo ya abë boa wu hm. [...] Evom osë bazu badzaè si, në bëdzëb mbim manyan waban, za avë bo si. Awulu wulu wulu, ndo bazu suan a dzal Esono Ela, ntomba man Mvog-Ada, nda bod Tsun-Mbala. [...] Ndo Esono Ela angabë Ndzaman si në bëdzëb mbim waban, ai na bëtobo fo fë a dzal die. Ndzaman bëlono a dzal daban, bekoran fë do ongola a nyol akpak. Bëti bëyole a fo dzal mintanan te na "Ongola".*[4] (Au cours du voyage qui a conduit les Allemands de Kribi au centre du pays à travers la forêt, l'un d'eux décéda. [...] Personne n'accepta de leur céder une parcelle de terrain pour inhumer leur compatriote. Ils atteignirent le village d'Esono Ela, un notable Mvog-Ada du clan Tsun-Mbala, après avoir couvert une très longue distance. [...] Celui-ci leur donna alors du terrain pour qu'ils puissent inhumer le défunt et s'y installer. Les Allemands y érigèrent une concession entièrement protégée par une clôture ; d'où le nom « Ongola »[5] que les Beti ont donné à la concession de ces Occidentaux.)[6]

L'abbé Mvogo Wenceslas a également traduit la catéchèse en ewondo *Karakismus ewondo* (1985) dix ans après *Katekismus ewondo asu benyia-bodo* (1975), une traduction ewondo de la catéchèse dirigée par l'abbé Lucien Manga. Il est aussi l'auteur d'un dictionnaire ewondo-français intitulé: *Man diksioner ewondo-fulansi* (1997). Une autre figure marquante de la culture beti qui a contribué à la traduction de l'ewondo est sans doute Jean-Baptiste Obama dont les travaux et témoignages n'ont cessé d'éclairer ceux qui s'intéressent à cette culture. Ce chantre de valeurs africaines a laissé à la postérité une pièce, *Assimilados* qui est une adaptation théâtrale d'un conte africain que l'auteur a traduit en français. Dans la même perspective, il est important de relever la contribution de Stanislas Awono, chercheur au Centre Fédéral Linguistique et Culturel qui s'est investi, entre autres, dans la traduction française de l'épopée ewondo *La guerre d'Akoma Mba contre Abo Mama*, parue dans la revue *Abbia* en 1965 et 1966 respectivement. Ce n'est sans doute pas par hasard que Stanislas Awono cite dans la préface de sa traduction Jean-Baptiste Obama qui affirme que le mvet renferme un enseignement qui apprend l'amour de la sagesse selon les traditions, coutumes et règles socio-religieuses ancestrales. Le même auteur a traduit en français et adapté sous forme de pièce théâtrale *Nnanga Kon,* le récit de nature narrative en boulou de Jean L. Njemba Medu. Il sera suivi par Rachel Efoua Zengue (1998) qui a proposé une traduction du même récit sous forme poétique. Jacques Fame Ndongo (1989) a, quant à lui, su préserver dans sa traduction française de la même œuvre publiée avant la version sus-évoquée, la prose de l'hypotexte de Jean L. Njemba Medu.

Dans le cadre de la traduction de récits épiques, Mevoula Olinga propose en 1980 la traduction française de l'épopée *La Guerre des Mekemeze* qui paraît aux éditions CLE. Cette traduction sera suivie en 1981 par un ouvrage, *Les Contes beti du sud-Cameroun* de Noah Jourdain Innocent qui propose la version française desdits contes. L'abbé Jean-Pierre Ombolo a, quant à lui, traduit en français une épopée diffusée à travers le pays eton et dont le titre est *Nnomo Ngah Wono* (1998), deux années après *Contes et berceuses du Cameroun* suivis de *l'épopée d'Angon Mana et d'Abomo Ngelé* (1996) de Léon Marie Ayissi Nkoa qui a traduit de sa langue maternelle, l'eton, une langue beti en français. Mais de tous ces acteurs, l'abbé Anya Noa Lucien ordonné en 1963 occupe une place particulière. En effet, jusqu'à son décès en 2008, il a réellement marqué de son sceau la traduction en pays beti si l'on en juge par le nombre et la qualité de traductions proposées. Il est l'auteur de *Mfufub Bibel a nkobo ewondo : nnom amvoe* (1992) c'est-à-dire *La Sainte Bible (Ancien Testament) en ewondo*. Cet érudit et fervent défenseur de l'inculturation va également publier sa traduction ewondo du *Nouveau Testament* sous le titre de *Mfufub Bibel a nkobo ewondo : mkpaman amvoe*. C'est toujours grâce à lui que la version ewondo de *La Prière des psaumes* intitulée *Ngogelan Besalmen* (1992) est disponible aujourd'hui.[7] Ce travail fastidieux est parallèlement effectué par les abbés Prosper Abega et Gabriel

Mfomo ordonnés prêtres respectivement en 1960 et 1968. Ce dernier a notamment traduit des contes ewondo en français, *Soirées au village* (1980). Le collège Libermann va également permettre l'éclosion de la traduction de et vers les langues nationales en facilitant la publication d'ouvrages tels que *Feg Beti* de Nicolas Ossama dont la nouvelle édition date de 1982. Dans le domaine liturgique, il serait judicieux de relever la contribution d'un autre écrivain-traducteur, l'abbé François Xavier Amara dont la traduction en ewondo du Missel Romain du Dimanche intitulé *Kalara mes me amos Nti* a été publiée en 1987, à la suite de la première version, *Mes me fufulu ; E mes biadzeme ai ekan bot* (1971) publiée sous la direction de Jean-Baptiste Amié. Il s'agit de traductions dont les textes source sont en latin et en grec. Il serait injuste d'étudier l'histoire de la traduction en pays beti sans faire allusion à Eno Belinga qui a traduit plusieurs récits épiques boulou en français. Ses ouvrages *L'épopée camerounaise, mvet, Moneblum ou l'homme bleu* (1978) et *Découverte des chantefables* (1970) entre autres, témoignent du caractère prolifique de cet auteur. Sévérin Cécile Abega a traduit en français dans *l'Esana chez les Beti* les paroles des tambours de bois d'esana, une danse funéraire beti. L'abbé Antoine Essomba Fouda, auteur de *Pour une proposition d'un rituel inculturé de mariage pour l'Eglise qui est au Cameroun* (1997) quant à lui, est partisan d'une traduction ewondo qui recourt à l'adaptation d'éléments culturels beti pour mettre en marche la dynamique du dialogue interculturel qu'anime la traduction ; fustigeant ainsi les traductions très littérales de certains traducteurs. Ainsi, rendre « Il ya trois personnes en Dieu » par « Zamba anë *Person* ela » ne permet pas au Beti d'appréhender toute la réalité de ce message. Par ailleurs, Campus pour Christ a réalisé dans les années 2000 un doublage en ewondo du long métrage *Jesus* de John Heyman et connu en français sous le titre de *Jésus de Nazareth*. La collaboration entre Jean-Marie Essono et Philippe Laburthe Tolra a donné naissance à une perle rare. Il s'agit de la traduction française des Jaunde Texte ou textes ewondo produits de 1913 à 1919 par Charles Atangana Ntsama et Paul Messi et qui furent dans un premier temps traduits en 1919 par Martin Heepe de l'Institut de langues africaines et océaniennes de l'Université de Hambourg.

En somme, l'histoire de la traduction et de l'interprétation en pays beti de la période coloniale à nos jours est caractérisée par un grand dynamisme. En effet, la traduction et l'interprétation ont joué un rôle capital à l'époque coloniale dans les échanges et la communication avec le colon. Pour ce faire, les Occidentaux se faisaient assister dans un premier temps par des interprètes locaux pour communiquer avant de se faire assister par des locuteurs natifs pour traduire. Puis, les Beti ont vite pris le relais pour traduire à la fois des textes liturgiques et littéraires. Cette dynamique va conduire à la révision de certaines traductions de l'époque coloniale et à la diversification des combinaisons linguistiques ; ce d'autant que le français et l'anglais se sont substitués à l'allemand comme langues officielles du Cameroun, suite au traité de paix signé à Versailles le 28 juin 1919.

## Notes

1. Jean-Pierre Ombolo, *Être Beti, un art africain d'être un homme et de vivre en société ? Essai d'analyse de l'esprit d'une population. Une étude ethno-historique*, Yaoundé, Presses Universitaires de Yaoundé, 2000.

2. Jean-Marie Essono et Philippe Laburthe-Tolra, *L'Ancien pays de Yaoundé (« Jaunde-Texte »)*, Paris, Maisonneuve et Larose, 2006, p. 110.

3. Jean-Marie Essono et Philippe Laburthe-Tolra, *L'Ancien pays de Yaoundé (Jaunde-Texte)*, Paris, Maisonneuve et Larose, 2006, p. 111.

4. Wenceslas Mvogo, *Ongola*, pp. 1-2.

5. Ongola signifie « clôture ».

6. Traduction de Moïse Ateba Ngoa.

7. Il a par ailleurs traduit le *Nouveau Testament*, le *Missel du Dimanche* (*Misel ya Sondo*), le *Bréviaire*. Il a enfin rédigé une grammaire de l'ewondo et traduit les contes ewondo en français (inédits).

# Bibliographie

Abega, S. C., 1984, *L'Esana chez les Beti*, Yaoundé, CLE.

Amougou, A., 1937, *La Formation de la race bané*, Yaoundé, Coulouma.

Awono, S., « La Guerre d'Akoma Mba contre Abo Mama » in *Abbia*, 9-10 : 180-214.

---« La Guerre d'Akoma Mba contre Abo Mama » in *Abbia*, 12-13 : 109-209.

Ayissi Nkoa, L. M., 1996, *Contes et berceuses du Cameroun* suivis de *l'épopée d'Angon Mana et d'Abomo Ngelé*, Yaoundé, Le Panthéon.

Campus Crusade for Christ, 1999, *Jesus* (Ewondo Version), Vancouver, The Jesus Film Project.

Eno Belinga, M. S., 1970, *Découverte des chantefables*, Paris, Klincksieck.

---1978, *L'épopée camerounaise, mvet, Moneblum ou l'homme bleu*, Yaoundé, CEPER.

Essomba Fouda, A., 1997, *Pour une proposition d'un rituel inculturé de mariage pour l'Eglise qui est au Cameroun*, Thèse de Doctorat, Rome.

Essono, J-M., Laburthe-Tolra, P., 2006, *L'ancien Pays de Yaoundé (Jaunde-Texte)*, Paris, Maisonneuve et Larose.

Fame Ndongo, J., 1989, *Nnanga Kon*, Yaoundé.

Graffin, R., Pichon, F., 1930, *Grammaire ewondo*, Paris, Didot et Cie.

---1940, *Dictionnaire : 1-Kalara afelan bibuk ewondo ai fulansi 2 : Lexique ewondo-français*, Yaoundé.

Heepe, M., 1919, *Jaunde Texte von K. Atangana und P. Messi*.

Laburthe-Tolra, P., 1970, « Yaoundé d'après Zenker » in *Annales de la Faculté des Lettres et Sciences Humaines de Yaoundé*, vol. n°2, 1970, p. 3-113.

---1977, « Charles Atangana: un chef camerounais entre deux colonisations » in *Les Africains*, Tome V, Vol. 1, Paris, Editions J.A., p. 107-141.

---1981, *Les Seigneurs de la forêt*, Paris, La Sorbonne.

---1985, *Initiations et Sociétés Secrètes au Cameroun. Essai sur la religion beti*, Paris, Karthala.

Mbarga, L., 1975, *Katekismus ewondo asu benya-bodo*, Rome, Société de St-Pierre Claver.

Mevoula Olinga, 1980, *La Guerre des Mekemeze*, Yaoundé, CLE.

Mfomo, G., 1980, *Soirées au village*, Paris, Karthala.

---1982, *Au Pays des initiés, contes ewondo du Cameroun*, Paris, Karthala.

Mvogo, W., *Le Cameroun catholiques en images: 1890-1961,* (Sans date).

---*Le grand jubilé de l'an 2000 et les 110 ans du Cameroun catholique*, (Sans date).

---1998, *Man diksionèr ewondo-fulansi-Petit dictionnaire ewondo-français*, Yaoundé, AMA.

---1985, *Karakismus ewondo*, Mbalmayo, Centre catéchique du Diocèse de Mbalmayo.

---*A moe,yeege ewondo mbembe nkobo / Mon ami, apprends la belle langue ewondo*, (Sans date).

---*Ebon be Kamerun bengabed befada ataregi a mbu 1935 akui a ...*, (Sans date).

---*Le Cameroun catholiques en images: 1890-1961*, (Sans date).

---*Le grand jubilé de l'an 2000 et les 110 ans du Cameroun catholique*, (Sans date).

---*Ongola*, (Sans date).

Nekes, H., Ayisi Y., 1910, *Katekismus vikariat-apostolis ya Kamerun ayegelë bekristen ye ewondo*.

Ndongo Semengue, A., 1981, *Traduction: De la théorie à la pratique. Traduction technico-scientifique vers une langue exempte de concepts correspondants. Exemples de l'ewondo*, Paris, Université de la Sorbonne Nouvelle, Thèse de 3ème cycle.

Noah (Jourdain Innocent), *Les Contes beti du sud-Cameroun*, Yaoundé, CEPER, 1981.

Obama, Jean-Baptiste, 1966, *Assimilados*, Yaoundé, Bulletin du Centre Fédéral Linguistique et culturel ; numéro spécial janvier-mars.

Ombolo, Jean-Pierre, 1998, *Nnomo Ngah'Wono règnera sur les Eton ; une épopée beti*, Yaoundé, Presses Universitaires de Yaoundé.

---2000, *Être beti, un art africain d'être un homme et de vivre en société ? Essai d'analyse de l'esprit d'une population*, Yaoundé, Presses universitaires de Yaoundé.

Ossama, N., 1980, *Feg beti, Contes et proverbes ewondo pour l'enseignement*, Douala, Collège Libermann, Coll. Langues et Littératures nationales 8.

Pichon, F., 1944, *Petits syllabaires ewondo et français, Man kalara ya yëgë nlanan ai ntilan ewondo ai fransi*, Yaoundé, Mission catholique.

Tsala, T., 1957, *Dictionnaire ewondo-français*, Lyon, impr. Vitte, XXXI.

# 4
## A History of Translation and Interpretation in the Littoral Province of Cameroon

### Charles Atangana Nama

**Introduction**

What constitutes the littoral province of Cameroon today is historically a Babel of tongues both African and European and dates as far back as the nineteenth century. As a result of colonialism, Douala in particular and the littoral province in general have had contacts with four European powers notably, the Portuguese, Germans, British and French. Brian and Eyongetah in *A Brief History of Cameroon* and Victor Julius Ngoh in *One Hundred Years of Cameroon History* confide that with the exception of the Portuguese, the other three colonial powers imposed their languages in the littoral province to the extent that even today, they constitute among others the principal languages of translation and interpretation in the littoral province. In addition to European languages, a series of national languages such as Duala, Bassa, Bakoko, Ewondo, Eton, are the principal languages of communication in the province. Even though pidgin English and a creolised version of French are widely used in most parts of the littoral province, they are not yet the languages of translation. This paper shall focus on translation and interpretation in the Littoral in the following areas: the colonial period from the 19th century to independence and the post independence era to present. Emphasis shall be placed on communication in the administration, the private sector, religious domain, cultural transmission — principally literature and technological advancements and translation. These different perspectives shall also take into consideration the multilingual atmosphere of the province and its impact such as language contact and interference.

## The Colonial Period

Like most African countries, as Victor Julius Ngoh and Engelbert Mveng testify in *One Hundred Years of Cameroon History* and *Histoire du Cameroun* respectively, Cameroon was partitioned in 1884. In the early phase of colonialism, Cameroon was a German colony up to 1918 when the Germans were chased out by the British and French. However, before the departure of the Germans, several attempts had been made to promote their language and culture in Cameroon, thus laying the foundation for translation and interpretation activities in the Littoral province. Carl Ebobisse indicates in *L'Afrique et L'Allemagne: de la Colonisation à la Cooperation* that between 1888 and 1919, quite a good number of German scholars among them, Meinhof, Christaller, Seidel, Rosenbuber, Bafe, Nekes, Schurle, Dinsberg, Skolaster, Dinkel Acher, and Gehr had produced quite a good number of fascinating booklets on Duala, Bassa grammar lexicons and German/Duala dictionaries. This pioneering work was also done by other German scholars. Even a good number of tales were collected, transcribed and translated from Duala into German. Based on these very remarkable achievements by these pioneers, a solid foundation was laid for the linguistic development of national languages in the littoral province and also for more constructive communication between the indigenes and the German imperialists.

The colonial period is also significant in the evolution of translation and interpretation activities in the Littoral province of Cameroon because it nurtured a group of "écrivains-interprètes" who facilitated communication between the two camps. Unlike the professional translator/interpreter of the present day whose functions are extremely limited, that is, to his professional duties, the "écrivain-interprète" performed a series of administrative, political, cultural and diplomatic functions as a result of the fact that he was a polyglot. It is important to indicate that even though the "écrivain-interprète" no longer exists today in the post-colonial administration, he played a major role in the colonial era not only in the littoral province but also in other parts of the country and continent. Administratively, the "écrivain-interprète" ranked among the highest or top civil servants in the colonial era after the Whites.

In this regard, some of the most outstanding "écrivain-interprètes" in the littoral province during the colonial era include

Louis Marie Pouka, Isaac Moume Etia among others in the country. Isaac Moume Etia is the embodiment of the "écrivain-interpète". To a very large extent, he was self-educated because after beginning his primary education at the age of five in the German School or *Mittelschule*, equivalent of the primary school, he never had formal education but was very well read, cultured and prolific. Eventually, he mastered English, French, German, Spanish and his native Duala. Without acquiring special skills, he embarked on his career as a translator and interpreter in the languages he had mastered. His mastery of European languages enabled him to produce quite a good number of books such as the *English and Duala Dictionary* which he published in 1928. Moume Etia's place in the annals of translation history has several parallels in the history of translation in the West. In *The Language Alchemist*, Jean Delisle cites the example of Jean de la Rivière who was self educated and eventually established himself as one of the most prolific Canadian translators. In a similar vein, George Steiner in *After Babel* and Louis Kelly in *The True Interpreter* remind us that the sixteenth and seventeenth centuries in Europe were the ages of linguistic nationalism in the sense that most European nations promoted their national languages thanks to the immense contributions made by translators. In the case of the littoral province, it is evident from his numerous contributions that Isaac Moumé Etia was one of the pioneers of linguistic nationalism in Cameroon analogous to the pioneering role played by Sultan Njoya of the Bamouns who founded the Bamoun Language. Like the European intellectuals of the Renaissance, he believed fervently in promoting his culture through the national language. That is why he published a handbook, *La Langue duala par vous-même* which is a very practical guide to assist learners of the language to teach themselves. It is devoid of any complex theoretical postulations on the linguistic intricacies of the language. In order to facilitate the task of bilingual communicators, Moumé Etia published a *Duala-English Dictionary* during his stay in Bafang on the 20th October 1934, similar to the *Dictionaire-français-duala*. In alluding to his other work, Etia remarked, "similar edition (I have done) in French language (...) render great benefit and assistance not only to my country-men but also to Europeans who highly appreciate it." It was the overwhelming desire to promote his culture similar to that of Du Bellay and other linguistic nationalists which propelled him to promote his native language. Nevertheless, his linguistic nationalism was not parochial in the sense that, as a man of culture, he studied French, English, Spanish and German civilisation in order to have a global picture of humanity. His fascination with the French philosophers of the Age of the Enlightenment in Europe such as Voltaire, Rousseau, Diderot as well as the ancient philosophers such as Socrates and Plato whom he quoted occasionally also illustrate his thirst for knowledge which made him one of the greatest "écrivain-interprète" of the period. Besides his native Duala, he also knew Bulu and Ewondo, languages of the Centre and South provinces of Cameroon.

The background of this illustrious "écrivain-interprète", Isaac Moumé Etia is analogous to that of a pioneer in the evolution of Translation in Canada, Jean La Rivière whom Jean Delisle, the translation historian discusses eloquently in *The Language Alchemists*. The similarities between the two are legion in the sense that both of them had very little formal education but rose to the peak of their profession as a result of self education in a variety of fields. J. La Rivière was a linguist, ethnologist, scholar, administrator, writer and theoretician especially in the field of translation theory.

Isaac Moumé Etia was born on 8th August 1889 at Deido, in Douala sub-division, Wouri division in the littoral province of Cameroon. Early in life, he showed a remarkable sense of leadership as epitomised in the fact that he was president of a youth group, *dale la mwemba*. He began school at the tender age of five, under the Germans, in the official German school at Deido, the *Mittelschule*. He abandoned this prestigious European school and devoted his time to read and write his native Duala in his father's home. His father was Etia, Tanga Ebelle Kanya Ewonde Kwan Nyihe Moulobe Ewale Mbedi. Alter bis studies of his mother tongue, an act which would be extremely rewarding in future, he enrolled in a Protestant Mission School at Bassa, near Japoma where he was eventually baptised in 1898. In 1900, he re-enrolled in the official government school in Douala which was headed by a Cameroonian, Franz Sengat Kouoh. In 1905, he successfully completed his primary education and was recruited in the German colonial administration as an "écrivain-interprète". Carl Ebobisse informs us in *L'Afrique et*

*L'Allemagne de la Colonisation à la Coopération* that German was the main language of instruction and administration in Douala and in colonial Cameroon. Hence, the young Moumé Etia was compelled to be schooled in the German language and culture. After his studies, Isaac Moumé Etia was recruited in the German colonial administration as an "écrivain-interprète". He was then transferred to Buea which was the capital of Cameroon. As a result of his mastery of English and French in addition to German, he continued his career with the British and French administrations after the departure of the Germans at the end of World War I. It is significant to point out that thanks to his linguistic abilities, Moumé Etia was the first African to be integrated in the French colonial "administration des colonies." In 1918, he was appointed temporary administrative head of Yabassi to replace a French colonial administrator, M. Mathieu who had taken ill.

Eventually, he became one of the few "fonctionnaire, écrivain-interprète" who worked in Douala, Yaounde, Kribi, Dschang, Bafoussam, Bafang and Foumban before retiring in 1935. Of his two children, Leopold Moumé Etia, and Abel Moumé Etia, one decided to embrace his father's profession as an "écrivain-interprète."

Like the Canadian pioneer, Jean de la Rivière, Isaac Moumé Etia was a self-educated man who read extensively in a variety of fields such as Geography, Sciences, Mathematics, and the major works by Voltaire, Diderot, Rousseau, Dickens, Plato whom he quoted quite extensively occasionally. He was also a devout Presbyterian Christian and the Lutheran missionaries wanted to send him to Switzerland in the 1930s to translate the Bible but the colonial administration rejected the offer.

As a devout Christian, his eldest child, Leopold Moume Etia indicated that each morning before going to work he read three biblical passages loudly in English, French German, Duala and sometimes in Spanish. His devotion to the dissemination of culture and nation building is adequately captured by one of the colonial administrators who was his boss, M. Le Metayer. He wrote:

> « Je soussigné, Le Metayer, Administrateur des colonies de 2e classe, Adjoint au Chef de circonscription de Douala,

déclare avoir eu sous mes ordres de juillet au 20 décembre 1926, l'écrivain-interprète principal Moume Etia. Je n'ai qu'à me louer de sa manière de servir. Très zélé, diligent, il remplit ses fonctions d'une façon parfaite. Déférent, discipliné et actif, je suis heureux de le féliciter et de le complimenter pour son travail et son dévouement. »

Due to his enormous contributions, he was given a State burial. At his funeral all the important chiefs in Douala and its environs as well as most of the German administrators and missionaries were present. His eldest son, Leopold Epée Moume Etia had the following funeral oration:

« Mon père fut un de ces membres de l'élite de la race noire qui, par un travail énergique et assidu, a voulu démontrer au monde civilisé que nous aussi, surtout nous aussi, surtout nous, Noirs du Cameroun, étions capables d'une évolution (...) Je suis ému de voir que l'Administration française n'a pas oublié un de ses humbles serviteurs qui aujourd'hui nous quitte pour son dernier sommeil. »

As a prolific researcher, several of his books and articles were published. Some of his articles were published in *Le Journal des ambassadeurs de France* in 1929, in the *Gazette du Cameroun, Journal des fonctionnaires* as well as several other reviews of the colonial era. Special mention must be made of the article which he published in June 1929 in the *Bulletin mensuel colonial, artistique et littéraire* which attracted the following observations from the editors "... un très curieux travail : des fables écrites en deux langues, français et douala, forment un véritable monument folklorique. Le lecteur peut se faire une idée de leur valeur et de la saveur de l'œuvre. Nous en extrayons pour son plaisir, une fable : « L'antilope et ses deux gendres. »" This remark underscores his immense contributions as a man of culture, an "écrivain-interprète" of the highest rank. It was thus no surprise that he was the first Cameroonian to earn the following foreign distinctions, "Palmes d'officier d'Académie" by the French Government, "Chevalier de l'ordre universel du Mérite Humain"; the equivalence of the "Mérite camerounais" as well as the "Etoile noire du Bénin" and also the "Légion d'honneur."

In *Translators Through History*, it is evident that translators in most societies contributed enormously to the development of national literatures as this was unquestionably one of the major elements of national pride. Due to his excellent cultural background and intellectual capacity, Isaac Moumé Etia was at the vanguard of the promotion of Duala and national literature. In 1959 he published a monumental work entitled, *Fables de Douala* in which he made pertinent remarks in the preface.

The collections, transcription and translation of oral literature from Duala in the languages of the colonial administrators was not well received by the indigenous peoples especially as they saw him as a traitor who was not only exposing their culture to the Whites but was co-operating with them. This complex situation provoked a strong reaction from Moumé Etia who was eventually vindicated when it was discovered that his books and bilingual lexicons were used not only by the colonial administrators but also by all those who had commercial interests. As a response to his critics he published a booklet entitled *Quelques renseignements sur la coutume locale Douala-Cameroun* in which he remarked: « Vos critiques ne vous rapporteront rien, dépouillez-vous du vieil homme. Honni soit qui mal y pense. »

In addition to promoting the national literatures, Isaac Moume Etia was also involved in the translations of other literary works into his native Duala. He translated the classic *Les Contes de mille et une nuits* as *Ikola bulu iwô na bula bô*. Some of his unpublished works include: *Le petit Recueil de proverbes douala, L'interprète en pays douala, La langue boulou, La médecine indigène, La langue douala Cameroun par soi même, Le Cameroun avant, pendant et après la guerre de 1914, Manuel de conversation de la langue grassfields Bonabanka*. The diversity of his works illustrate that Isaac Moumé Etia was a man of culture who, despite his administrative chores was very prolific and as such bridged the gap between peoples of different cultural backgrounds.

In most of his publications, especially the books, Moume Etia ensured that in his preface he articulated his concerns on the major concepts and controversies of the field. For example in the preface to *Fables de Douala* (1929), he wrote:

« Un observateur superficiel pourrait croire que les fables sont en nombre restreint dans l'Afrique noire. Il n'en est rien. Naturellement, tous les contes changent suivant le degré d'évolution des peuples : souvent leur forme est naïve, mais elle est pleine de charme. Dans le fond, on trouve des ressemblances frappantes avec les fables d'Europe. Les animaux également changent. C'est ainsi que la tortue (*wudu* en Douala) joue le rôle de Maître renard. Tandis qu'en Europe et dans beaucoup d'autres contes, il s'est trouvé depuis longtemps des écrivains de talent pour fixer une fois pour toutes ces contes et fables, en Afrique noire le travail reste presque partout à faire. Je n'ai certes pas la prétention de raconter les fables de façon définitive et tel qu'un autre écrivain plus doué ne puisse faire mieux que moi, mais je pense intéresser le lecteur en lui dévoilant ces délicieuses fables connues des seuls Doualas. » (p. 36)

Isaac Moumé Etia's commentaries went beyond comparisons between African and European folkore and literature. He saw himself as an artist whose role was that of an educator. In one of his fascinating essays, *"The Novelist as Teacher"* Chinua Achebe, the Nigerian writer underscores the fact that the artist must be committed to the very crucial role of educating the masses. This explains why after appreciating La Fontaine's *La Cigale et la fourmi*, Moumé Etia felt that he could address the following message to fellow Duala inhabitants. He wrote: « Va vers la fourmi, paresseux: considère ses voies et deviens sage. Elle n'a ni chef, ni inspecteur, ni maître : elle prépare en été sa nourriture. Elle amasse pendant la moisson de quoi manger. » (p. 16). In order to underscore his point he continues:

« Au cours de ma carrière, j'ai lu l'expression suivante : "Foxes when they cannot reach the grapes say they are not ripe" (raisins trop haut, raisins trop verts). C'est votre cas ! Vous murmurez, vous dites que l'auteur de l'ouvrage sur la coutume chez les Doualas vous trahit. Loin de cela, vous parlez sans doute dans un esprit de jalousie. Au lieu de murmurer, vous feriez mieux d'employer votre temps à faire quelque chose de mieux. »

In addition to playing the role of a commentator, he dabbled with translation theory and the role of the interpreter in *L'interprète en pays douala*.

The "écrivain-interprète" epitomised in the career and work of Isaac Moume Etia is brilliantly captured in Richard Bjornson's monumental work, *The African Quest for Freedom and Identity* in which he observes that the secretary-interpreters were initially created by the Germans but maintained by the French and British for many years. He adds that their position represented the highest civil-service rank to which Africans could aspire. He continues:

> "Because secretary-interpreters had to explain local customs to their European superiors while communicating the demands of the colonial authorities to the people, they gained a good understanding of both cultures. And because they accompanied these superiors to areas where their own languages were not spoken, they often learned several Cameroonian languages as well as a European one. Some of them, such as Isaac Moume Etia and R. Jabea K. Dibongue, even mastered a second European language and successfully moved from the German colonial administration into the civil-service systems established by the French and British after the First World War. In 1926, there were approximately three hundred secretary-interpreters in the French mandate territory..." (pp. 22-23).

In the light of Moumé Etia's magnificent contributions, the "écrivain-interprète" must be given a special niche in the history of translation in the Littoral province and in Cameroon as a whole. At his death in 1939, he was already one of the monumental figures of Cameroon history.

## Selected Bibliography

Bjornson, R., 1991, *The African Quest for Freedom & Identity: Cameroonian Writing and the National Experience*. Bloomington: Indiana University Press.

Catford, J.C., 1965, *A Linguistic Theory of Translation London*: Oxford University Press.

Chary, P., 1974, "Les premiers translateurs français" in the *French Review*, Oxford: Basil Blackwell.

Dah, J., 1983, *Missionary Motivations & Motives: A Critical Examination of the Basel Mission in Cameroon 1886 - 1914*, Bâle Thèse de Doctorat en Théologie, Université de Bâle en Suisse.

Delisle, J., 1990, *The Language Alchemists*. Ottawa: University of Ottawa Press.

---ed. *Translators Through History*

Epée Moumé Etia, 1990, *Deux camerounais: A Lottin Same et Isaac Moume Etia*, Monograph unpublished.

Moume Etia Isaac, 1928, *Dictionnaire duala-français*. Paris: Éditions Bergérac. Ibid. (1929) Fables de Douala Éditions Bergérac

---1929, *L'interprète en pays douala* unpublished

Nama, Charles Atangana, 1990, "A History of Translation and Interpretation in Cameroon from Precolonial Times to Present" in *Meta* V. xxxv N°.2

---1993, "Historical, Theoretical and Terminological Perspectives of Translation in Africa" in *Meta* vol. xxxviii.

---"A Critical Analysis of the Translation of African Literature" in *Language and Communication* v.

Ngoh, Victor Julius, 1996, *One Hundred Years of Cameroon History 1884 - 1984*. Limbe.

# III

# Current Picture
of Translation Practice

# 5
## La pratique de la traduction et de l'interprétation dans une société multilingue : Défis et perspectives

### Alexandre Ndeffo Tene

Dans un pays multilingue, chaque individu est exposé à plusieurs langues. La probabilité qu'il en apprenne d'autres que la sienne est forcément très élevée. Lorsqu'il y a deux langues officielles (comme c'est le cas au Cameroun avec le français et l'anglais) et que les documents officiels sont écrits et publiés dans ces deux langues, et surtout lorsque ces deux langues sont utilisées quotidiennement dans l'administration et les média, chaque citoyen (qui est scolarisé dans au moins l'une des deux langues) est tellement exposé à l'autre qu'il en acquiert progressivement au moins une connaissance passive.

La traduction ayant pour fonction principale d'informer ses destinataires sur le contenu d'un texte dont ils ne comprennent pas la langue dans laquelle il a été originellement rédigé, on peut légitimement se poser la question de savoir si elle garde sa raison d'être dans un contexte où ses destinataires ont, pour la plupart, une certaine maîtrise ou au moins une connaissance passive de la langue de départ.

Pour essayer de répondre à cette question dans les lignes qui suivent, nous commencerons par présenter un état des lieux de la profession de traducteur / interprète au Cameroun, puis un aperçu du bilinguisme officiel et de son incidence sur la pratique de la traduction / de l'interprétation, avant de conclure en analysant les perspectives qui existent sur le marché camerounais.

### 1. La traduction au Cameroun : État des lieux

L'histoire de la traduction au Cameroun[1] pourrait être subdivisée en trois périodes : a) avant 1985 (année de la création de l'ASTI)[2] ; b) de 1985 à la fin des années 1990 (crise économique, dévaluation du franc CFA, baisse des salaires) ; c) depuis la fin des années 1990 (fin des recrutements systématiques des diplômés de l'ASTI dans la Fonction Publique).

a) De 1961 (institution du bilinguisme officiel) à 1985 (création de l'ASTI), l'État camerounais éprouve des difficultés à mettre en œuvre sa politique linguistique. Si tous les textes officiels doivent être publiés en français et en anglais, les deux langues officielles[3], l'État ne dispose pas de toutes les ressources humaines nécessaires pour venir à bout de cette tâche. En 1980 (Décret n° 80/281 du 23-07-1980), il créé alors la Direction des Services Linguistiques (DSL) au sein de la Présidence de la République. Le nombre de traducteurs et interprètes que compte la DSL à sa création se révèle rapidement insuffisant.[4] Pour compléter cette petite équipe, des étudiants sont envoyés dans des universités européennes et nord-américaines pour y apprendre l'art de la traduction et de l'interprétation. La cadence (relativement faible) pouvant difficilement palier le déficit toujours grandissant en traduction, l'État décide d'organiser lui-même la formation de ses traducteurs et interprètes. Il ouvre alors une école, l'ASTI, *Advanced School of Translators and Interpreters*, qu'il installe à Buea. L'ASTI est chargée, premièrement, de la formation de traducteurs et de traducteurs-interprètes, deuxièmement, de la recherche dans le domaine de la traduction et de l'interprétation, troisièmement, du recyclage et du perfectionnement des cadres du secteur de la traduction et de l'interprétation et, quatrièmement, de l'appui au développement du bilinguisme.[5]

b) À partir de l'ouverture de l'ASTI à Buea, la situation s'améliore considérablement, les diplômés de l'institution étant systématiquement recrutés par l'Etat, qui les affecte dans les différents services de traduction de l'Administration Centrale (Présidence de la République, Assemblée Nationale, Ministères). Les traducteurs et interprètes ainsi recrutés sont intégrés en catégorie A2 de la Fonction Publique : Statut de cadre et rémunération alléchante. Pour les traducteurs et interprètes, tout semble aller pour le mieux dans le meilleur des mondes : ils sont bien traités par leur employeur, ne chôment pas dans leur bureaux, et peuvent même arrondir leurs fins de mois en vendant, au prix fort, leurs services à des tiers (essentiellement des organisations internationales).

Toutefois, la situation change radicalement au cours des années quatre-vingt-dix. En raison de la conjoncture économique difficile qui sévit dans le pays, l'Etat se trouve dans l'obligation de réduire ses dépenses pour ne pas sombrer. C'est ainsi qu'il procède à une spectaculaire baisse des salaires. Certains fonctionnaires – les traducteurs et interprètes ne sont pas épargnés – se retrouvent, du jour au lendemain, avec seulement le tiers de leurs revenus de la veille. Le coup de grâce est asséné avec la dévaluation du franc CFA qui survient en 1994. Désormais, la monnaie perd la moitié de sa valeur.

La baisse du pouvoir d'achat des fonctionnaires camerounais provoque dans leurs rangs une paupérisation d'autant plus insupportable qu'elle est inattendue et qu'elle aurait été, de l'avis des nombreux concernés, évitable. Les fonctionnaires qui démissionnent alors pour se mettre à leur propre compte ou pour se faire recruter par une entreprise privée sont de plus en plus nombreux. D'autres tentent leur chance hors de nos frontières. Les traducteurs et interprètes suivent le mouvement.

On assiste à un exode massif des professionnels de la communication entre langues et cultures. Nombreux sont ceux qui trouvent des postes dans des organisations internationales et des entreprises privées tant au Cameroun qu'à l'étranger[6], ce qui a pour conséquence d'anéantir les efforts engagés jusqu'alors par les pouvoirs publics pour satisfaire les besoins de l'État en matière de traduction et d'interprétation.

c) Cette situation est encore aggravée à la fin des années quatre-vingt-dix par l'arrêt des recrutements systématique des diplômés de l'ASTI à la fonction publique. Toujours dans le souci de réduire ses dépenses, l'État a en effet mis un terme au recrutement de tous les diplômés de l'ASTI. Cette décision a été appliquée à partir de 1999.

Pour l'État, il en a résulté une crise comparable à celle qui prévalait avant la création de l'ASTI. Déjà affaiblis par l'exode consécutif aux baisses de salaires survenues au début des années quatre-vingt-dix, les Services de traduction de la Présidence de la République, de l'Assemblée Nationale et des différents ministères perdent leur seule source de renouvellement d'effectifs et se retrouvent dans l'impossibilité de faire face à leurs obligations. La récente création de nouveaux ministères[7] n'a pas arrangé les choses. Chacun d'entre eux devant être pourvu d'un service de traduction fonctionnel, ils essaient de trouver les ressources humaines nécessaires ailleurs que dans le corps des traducteurs et interprètes. Dans certains ministères, des enseignants de langues sont affectés aux tâches de traduction, certains d'entre eux occupant même le poste de chef de ce service. Ce qui signifie qu'ils sont chargés non seulement d'organiser le travail des traducteurs, mais également – ce qui est carrément au-dessus des moyens d'une personne non qualifiée – de contrôler la qualité de leur production.

Pour les traducteurs et interprètes, le désengagement de l'État été à l'origine d'une plus grande prise de conscience des possibilités à eux offertes sur le marché libre. Ils se sont en effet rendus compte du fait que l'État n'était pas forcément l'employeur le mieux indiqué, les traitements étant nettement plus importants dans le secteur privé et dans les organisations internationales et non gouvernementales que dans la fonction publique.[8]

Pourquoi avoir jusqu'ici mis un tel accent sur l'exercice de la traduction et de l'interprétation dans la Fonction Publique ? Essentiellement parce que l'État a toujours été le plus gros employeur de traducteurs et interprètes avant la crise des années quatre-vingt-dix. En effet, si les données sont en train de changer de plus en plus vite parce que le secteur privé consomme de plus en plus de traducteurs et d'interprètes, ceux-ci ont surtout été, dans le passé, au service de l'administration. Laurent Fillion le faisait justement remarquer en 1984 :

> « D'abord et toujours un art, la traduction, dont on peut faire remonter les origines à la babélisation du monde, est devenue, après des siècles où elle s'est surtout exercée dans les milieux ecclésiastiques puis, beaucoup plus tard, dans le domaine littéraire, une profession libérale qui, sans renier ses lettres de noblesse, est maintenant de plus en plus au service de l'administration. »[9]

C'est précisément en raison du bilinguisme officiel que ce métier a eu une telle importance dans notre pays. Il n'est donc pas superflu d'examiner de près les conditions de cohabitation de deux langues officielles avant d'analyser l'influence qu'elle peut exercer sur l'exercice de la profession.

## 2. Le bilinguisme officiel...

Le Cameroun a été colonie allemande de 1884 à 1919 avant de devenir un protectorat français et anglais à partir de la fin de la première Guerre Mondiale. Les langues de l'administration coloniale et de l'éducation ont donc été tour à tour l'allemand jusqu'en 1919, puis le français dans le Cameroun oriental et l'anglais dans le Cameroun occidental jusqu'en 1961, année de l'institutionnalisation du bilinguisme officiel. À partir de la réunification des deux États fédérés du Cameroun, en effet, les deux langues pratiquées dans les deux parties du pays ont été adoptées comme langues officielles. Ce bilinguisme devait se traduire dans les faits par les mesures concrètes suivantes :

- utilisation, dans une proportion égale, du français et de l'anglais sur toute l'étendue du territoire camerounais ;
- traduction des formulaires et autres documents officiels dans les deux langues adoptées ;
- création de services de traduction dans les différents ministères en plus de ceux de la Présidence de la République et de l'Assemblée Nationale ;
- mutation des fonctionnaires et agents de l'État dans toutes les régions du pays sans tenir compte de leur origine linguistique.[10]

Ces mesures devaient permettre un brassage tel que chaque Camerounais soit en mesure non seulement de lire tous les documents officiels dans la langue de son choix, mais aussi de s'habituer progressivement à l'autre et, à terme, de la maîtriser.

Comment se manifeste le bilinguisme officiel sur le terrain ? Gervais Mendo Ze fait la description suivante :

- les textes officiels sont disponibles dans les deux langues officielles ;

- les textes réglementaires sont publiés au Journal Officiel dans les deux langues ;
- les en-têtes des Journaux Officiels, les cachets et sceaux de la République, sont rédigés dans les deux langues ;
- les correspondances officielles sont rédigées indistinctement en français ou en anglais ;
- les média officiels utilisent indifféremment les deux langues officielles ;
- la Direction des Services Linguistiques a été créée à la Présidence de la République et des services de traduction dans chaque ministère ;
- des Centres Linguistiques ont été ouverts partout dans le pays (il en existe actuellement sept[11], et le réseau est destiné à s'étendre) pour promouvoir le bilinguisme en enseignant le français aux anglophones et l'anglais aux francophones.[12]

Après cette brève description du bilinguisme officiel et de sa pratique sur le terrain, on peut se poser la question de savoir quelle incidence le multilinguisme et l'existence de deux langues officielles peut avoir sur la pratique de la traduction et de l'interprétation dans notre pays.

## 3. Et son incidence sur la pratique de la traduction / de l'interprétation

Compte tenu des efforts de l'État pour promouvoir également les deux langues officielles, il se dégage deux catégories opposées de conséquences pour les traducteurs et interprètes dans l'exercice de leur métier.

La première est positive : tous les documents émanant des services de l'État devant être systématiquement publiés dans les deux langues officielles, il va de soi que les besoins sont loin d'être satisfaits et que les traducteurs et interprètes ne devraient pas chômer dans un pays bilingue. L'État à lui seul produit suffisamment de textes pour, s'il s'en donne les moyens, demeurer le plus gros employeur de traducteurs et d'interprètes du pays.

Il faudrait absolument qu'il commence par mieux traiter ceux qu'il emploie pour les convaincre de rester à son service. En effet, les conditions sont nettement meilleures dans les entreprises privées et autres organisations internationales que dans les différents services de l'État qui emploient des traducteurs et des interprètes. Ceux qui ont choisi de se mettre à leur compte se portent encore mieux : il suffit par exemple à un traducteur indépendant de deux à trois jours de travail intensif pour gagner l'équivalent d'un mois de travail de son collègue fonctionnaire.

La deuxième catégorie peut être, à priori, considérée comme négative : en raison du contact permanent avec les deux langues officielles d'une part, et du fait que chaque citoyen est encouragé à les maîtriser, il s'installe dans les esprits l'impression persistante qu'il est possible de se passer des services d'un traducteur. L'idée reçue selon laquelle une maîtrise (même approximative) de deux langues suffit pour produire des traductions acceptables en utilisant un dictionnaire bilingue est tenace. Il en résulte la nécessité pour le traducteur de se justifier en permanence et d'expliquer le bien-fondé de son travail aux donneurs d'ouvrage et autres employeurs potentiels. Néanmoins, les mauvaises traductions produites par des amateurs suffisent souvent pour faire pencher la balance du côté des professionnels. Il n'y a pas si longtemps par exemple, une institution connue cherchait des traducteurs spécialistes de textes juridiques pour corriger ou reprendre entièrement la traduction d'une abondante documentation qu'elle avait préalablement confiée à des personnes qui avaient livré un travail inutilisable.

Quelles perspectives les traducteurs et interprètes ont-ils donc dans un tel contexte compte tenu des conditions décrites ci-dessus ?

## 4. Quelles perspectives ?

Finalement, plutôt que de craindre qu'on n'ait plus besoin d'eux dans un pays multilingue ou dans une situation où il existe deux langues officielles plus ou moins bien maîtrisées par la plupart des citoyens, les traducteurs et interprètes ont des raisons d'être optimistes. Dans le contexte camerounais, le besoin de traducteurs et d'interprètes bien formés ne diminuera point parce que :

- tous les textes administratifs, arrêtés, décrets, lois, etc. doivent être publiés en français et en anglais ;
- tous les organismes (nationaux et internationaux) et organisations (aussi bien gouvernementales que non gouvernementales) qui travaillent sur le territoire camerounais doivent utiliser les deux langues officielles ;

- toutes les œuvres de l'esprit (littérature et cinéma notamment, le potentiel étant encore élargi si l'on considère l'abondante production des écrivains et cinéastes d'Afrique occidentale, orientale et australe) doivent être diffusées dans les deux langues officielles si l'on souhaite qu'elles aient un certain retentissement ;
- les échanges avec l'étranger (commerce, diplomatie, recherche, etc.) doivent nécessairement impliquer des traducteurs et interprètes pour que la communication soit effective ;
- la population n'étant pas scolarisée à cent pour cent en français et en anglais, il est indispensable de traduire dans nos langues nationales les documents dont on aimerait qu'elle soit informée du contenu (par exemple les textes administratifs ou les textes religieux) ;
- inversement, pour sauver et diffuser notre patrimoine culturel, il faudrait envisager d'intensifier l'effort de traduction à partir de nos langues nationales vers des langues de plus grande diffusion, ce qui représenterait, pour les traducteurs un fonds immense.

Étant donné que les destinataires des traductions ont, souvent, au moins une connaissance passive de la langue de départ, la fonction du traducteur ne se limite pas à celle de courroie de transmission qui permet d'informer un public complètement fermé au texte de départ. Son public peut – ou au moins a l'impression de pouvoir – se passer de lui. Cette impression est renforcée lorsque le lecteur a affaire à des textes généraux et relativement faciles à comprendre. Dès lors que les textes nécessitent un certain effort parce que riches en nuances, ou qu'ils touchent un domaine de spécialisation, ils sont d'une compréhension un peu moins évidente et le recours à un traducteur est plus que jamais nécessaire. En fait, on peut d'autant moins se passer d'un traducteur bien formé que la communication ne doit souffrir d'aucune approximation. L'impression que l'on peut avoir de comprendre un texte rédigé dans une langue étrangère mal maîtrisée peut être à l'origine de malentendus et même de conflits.

Malgré le bilinguisme officiel – et peut-être même à cause de lui, des traducteurs et interprètes bien formés seront toujours indispensables. Plusieurs raisons (qui sont autant de perspectives à eux offertes) l'expliquent :

- une bonne formation est (et restera) toujours la condition *sine qua non* à l'exercice satisfaisant d'une profession ;
- à cause des interférences nées de la cohabitation de langues, chacune des langues en contact perd sa pureté, des incorrections s'imposent, dont on a souvent le plus grand mal à se débarrasser. Le traducteur, plus que tout autre utilisateur de langues, peut jouer le rôle de gardien de la pureté d'une langue[13]. En effet, la comparaison de langues qu'il effectue au quotidien le pousse en permanence dans des situations où il est obligé de faire appel à toutes les ressources de chacune des langues qu'il emploie pour formuler les idées et concepts à exprimer. Ce faisant, il a davantage conscience qu'un autre des possibilités qu'offre chaque langue et se retrouve ainsi mieux outillé pour combattre les interférences linguistiques ;
- le fait que les traducteurs soient en contact permanent avec deux langues les met à la croisée des chemins des cultures / civilisations, ce qui, en ces temps de mondialisation, en fait des acteurs privilégiés.

Nous l'avons remarqué plus haut, l'accent a été mis sur la profession de traducteur / d'interprète dans les services des l'État (cf. 1c). Cela ne veut nullement dire que le seul horizon des traducteurs et interprètes au Cameroun soit la fonction publique. Au-delà des possibilités décrites plus haut (migration des professionnels des services de l'État vers le secteur privé et émigration vers des pays où l'on considère que l'avenir est plus radieux), il en est une qui est peut-être plus alléchante : la sous-traitance pour des clients basés à l'étranger. Avec l'amélioration des moyens de (télé)communication, il est possible, sans quitter son domicile, de travailler pour des clients se trouvant à l'autre bout du monde. La situation de notre pays constitue un avantage pour les traducteurs compétents qui y restent : ils peuvent se permettre, à qualité de service égale (et pourquoi pas meilleure ?) et à moindre coût que leurs collègues occidentaux, de délocaliser une bonne partie du travail de ces derniers. En effet, le coût de la vie étant nettement moins élevé au Cameroun que dans la plupart des pays occidentaux, il est possible de facturer moins cher que les prestataires de service occidentaux et s'assurer ainsi un portefeuille considérable de clients.

## 5. Conclusion

De prime abord, le métier de traducteur peut certes sembler menacé de disparition au Cameroun compte tenu des difficultés auxquelles sont confrontés ses pratiquants de l'exode qui s'ensuit, mais tout porte à croire qu'il est promis à un avenir radieux. En effet, au Cameroun (pays multilingue, ou bilingue si l'on se limite aux langues officielles) plus qu'ailleurs, le traducteur a encore de beaux jours devant lui. Le potentiel de travail est immense, ce qui rend les besoins potentiels pratiquement infinis.

## Notes

1. Nous nous limiterons ici à la traduction pratiquée dans les services publics, les exemples tirés du secteur privé n'intervenant que dans quelques cas particuliers.

2. Advanced School of Translators and Interpreters. D'abord logée dans le Centre Universitaire de Buea, elle fait partie, depuis la création en 1993 de l'Université de Buea, de cette institution.

3. Comme le fait remarquer Charles A. Nama, les langues les plus couramment utilisées en traduction au Cameroun sont des langues européennes : "English, French and German have at various periods been the official languages of Cameroon. This in effect means that these foreign tongues which still flourish in the country in varying degrees are the main European languages of translation and interpretation in Cameroon." ("A History of Translation and Interpretation in Cameroon from Precolonial Times to Present", *Meta*, XXXV, 2, 1990, p. 356).

   Toutefois, il précise que le pidgin occupe une place de choix dans le paysage de la traduction au Cameroun en raison de son importance dans le pays : "By virtue of its seminal role in the linguistic evolution of Cameroon, Pidgin English is one of the main languages of translation and interpretation in Cameroon." *Ibid.*, p. 357.

   Il convient de noter que les langues nationales gagnent du terrain, notamment en ce qui concerne la traduction de la Bible avec des organisations comme la SIL (Société Internationale de Linguistique) ou la CABTAL (Cameroon Association for Bible Translation and Literacy), toutes deux basées à Yaoundé.

*Tene : La pratique de la traduction et de l'interprétation dans une société multilingue*

4. La Direction des Services Linguistiques s'occupe essen-tiellement des activités suivantes :

    - traduction dans les deux langues officielles des textes à paraître au *Journal Officiel*, des discours et corres-pondances officiels, des documents émanant des ministères autres services publics ou privés ;

    - interprétation (en commission, conférences et réunions) ;

    - recherche terminologique pour les besoins de la traduction ;

    - organisation de stages pratiques à l'intention des étudiants de l'ASTI. (cf. Gervais Mendo Ze : *Une crise dans les crises. Le français en Afrique noire francophone. Le cas du Cameroun*, Paris : ABC, 1990, p. 38.)

5. Arrêté N° 551/CAB/PR du 07 août 1985 créant et organisant l'École Supérieure des Traducteurs et Interprètes du Centre Universitaire de Buea, Titre 1, Article 1$^{er}$, al. 2.

6. Une étude récemment menée par l'ASTI montre que les traducteurs autrefois salariés de la Fonction Publique et les nouveaux diplômés de l'ASTI s'établissent essentiellement dans d'autres pays africains, en Occident (notamment aux États-Unis et au Canada) et travaillent, pour ceux qui restent au pays, dans le secteur privé Camerounais. (cf. *A Tracer Study of Graduates of the Advanced School of Translators and Interpreters (ASTI) from 1987 to 2003*, document inédit, ASTI).

7. Le nombre de ministères a été porté d'une vingtaine à 35 à l'occasion du remaniement du 08 décembre 2004.

8. Cf. note 5.

9. Fillion Laurent : « Gestion et traduction : un mariage de raison », *Méta* 29-4, décembre 1984, pp. 340-351.

10. Lire Gervais Mendo Ze, *op. cit.*, p. 33.

11. Bamenda, Bertoua, Buea, Douala, Garoua, Limbe (qui est une annexe du Centre de Buea), Yaoundé.

12. *Ibid.*, pp. 37-38.

13. Pour Lazare Naida (*Bilinguisme, traduction et rôle socio-linguistique du traducteur au Cameroun*, mémoire inédit, ASTI, 1987, pp. 39-40), le traducteur joue le rôle de gardien et promoteur de la langue d'arrivée. Selon lui, « le bilinguisme a besoin de la traduction pour retrouver un certain équilibre, notamment dans la préservation des acquis linguistiques contre les impuretés dues à l'interférence entre les idiomes. (…) Dans le contexte

camerounais où chaque groupe linguistique tient à son identité, l'État a besoin des traducteurs pour accomplir cette tâche. » Le traducteur fait donc la guerre à ce que Marianne Lederer et Danica Séleskovitch appellent « mutants », c'est-à-dire les formes d'expression résultant d'une mauvaise maîtrise des langues de travail et des structures hybrides dues à l'influence mutuelle des langues en contact. (Lederer / Seleskovitch : *Interpréter pour traduire*, Paris, Didier Erudition, 1986, p. 292).

## Bibliographie

Arrêté N° 551/CAB/PR du 07 août 1985 créant et organisant l'École Supérieure des Traducteurs et Interprètes du Centre Universitaire de Buea.

Fillion Laurent, 1984, « Gestion et traduction : un mariage de raison », *Méta* 29-4, décembre, pp. 340-351.

Lederer Marianne, Seleskovitch Danica, 1986, *Interpréter pour traduire*, Paris, Didier Erudition.

Mendo Ze Gervais, 1990, *Une crise dans les crises. Le français en Afrique noire francophone. Le cas du Cameroun*, Paris : ABC.

Naida Lazare, 1987, *Bilinguisme, traduction et rôle socio-linguistique du traducteur au Cameroun*, mémoire inédit, ASTI.

Nama A. Charles, 1990, "A History of Translation and Interpretation in Cameroon from Precolonial Times to Present", *Meta*, XXXV, 2, pp. 356-369.

Nama A. Charles, Suh Joseph, Tiayon Charles, Ateba Ngoa Moïse, 2004, *A Tracer Study of Graduates of the Advanced School of Translators and Interpreters (ASTI) from 1987 to 2003*, document inédit, ASTI, 31 p.

Nama A. Charles, Suh Joseph, Ateba Ngoa Moïse, Tiayon Charles, Tam Nkono Joseph, 1998, *Survey of the Translation and Interpretation Job Market in Cameroon*, document inédit, ASTI.

Tanyi Awoh, 1992, *Translation in a Multilingual Context : The Case of Cameroon*, mémoire inédit, ASTI.

# 6
## Le paysage théâtral camerounais et les enjeux traductologiques

### Suh Joseph Che

Contrairement au traducteur salarié exerçant à la fonction publique camerounaise où les services de traduction sont bien structurés (avec les traductions généralement révisées par des traducteurs-réviseurs plus anciens et plus expérimentés et où le traducteur professionnel est plus ou moins maître de ses décisions et de ses choix), le traducteur indépendant exerçant dans le domaine du théâtre camerounais vit une réalité tout à fait différente. En effet, dans ce domaine, chaque intervenant bilingue (français/anglais) de la chaîne théâtrale (metteur en scène, acteur, décorateur, musicien, éclairagiste, éditeur, etc.) croit toujours avoir son mot à dire sur la façon dont le traducteur doit accomplir sa tâche et sur la qualité de la traduction effectuée. Dans la plupart des pièces traduites et qui sont d'ailleurs jouées avec beaucoup de succès, le traducteur est amené à faire des compromis entre ses choix et les exigences et les consignes des autres intervenants de la chaîne théâtrale pour diverses raisons.

C'est donc l'occasion pour nous ici d'examiner les relations du traducteur de théâtre camerounais avec les autres intervenants de la chaîne théâtrale ainsi que les stratégies de traduction qu'il est souvent amené à employer et qui mettent en jeu le rôle, la responsabilité et l'activité de ce dernier.

De façon générale, nous tenterons de démontrer comment le rôle ou la responsabilité du traducteur de théâtre camerounais est systématiquement usurpé par les autres intervenants de la chaîne théâtrale (notamment l'auteur, le metteur en scène et l'éditeur).

Le but ultime recherché ici est d'expliquer le phénomène de la traduction théâtrale au Cameroun et de dégager les principes qui la sous-tendent.

Cette étude commencera par les motivations qui gouvernent la traduction des pièces au Cameroun et leur incidence directe sur la traduction formelle et informelle qui caractérisent le domaine théâtral dans ce pays (la traduction formelle étant celle publiée par les maisons d'éditions et donc marquée du sceau de l'éditeur contrairement à la traduction informelle, non publiée, mais de loin plus répandue, plus florissante et plus rémunératrice pour le traducteur). Plus de 95% des pièces traduites ne sont pas publiées. Pour donner un aperçu très sommaire, ceci est dû à plusieurs raisons :

- **a.** Commerciales : les éditeurs sont peu disposés à publier la traduction d'une pièce car ils craignent ne pas avoir un marché suffisamment large pour que les ventes couvrent les coûts d'édition encourus.
- **b.** Certains éditeurs pensent même que, puisque le pays est bilingue, les lecteurs n'ont pas besoin des versions traduites des œuvres publiées. Or la réalité sur le terrain est toute autre : moins de 20% de la population parle, écrit ou lit couramment les deux langues officielles du pays que sont le français et l'anglais.
- **c.** Le désir des metteurs en scène de la version traduite de gagner rapidement de l'argent plutôt que d'attendre longtemps et sans certitude la publication de la version traduite avant de monter la pièce.
- **d.** Le désir aussi de ces metteurs en scène d'attirer des foules nombreuses au moment où la pièce est d'actualité et connaît un grand succès auprès du public de l'original.
- **e.** Le peu d'enthousiasme des éditeurs à publier des traductions a créé une situation où les metteurs en scène négocient directement avec les auteurs de l'original pour faire traduire et jouer leurs pièces. Ces derniers sont d'ailleurs souvent invités à la première représentation de la version traduite. Cette situation est favorisée par :

    - i. le fait que les droits de reproduction semblent être réservés uniquement à la publication de la version originale et non à la traduction ;
    - ii. l'auteur est aussi animé par le désir de se faire connaître et d'étendre sa popularité au public francophone ou anglophone selon le cas ;

iii. le fait que, outre le contrat passé avec l'éditeur, l'auteur de l'original passe également un contrat avec le metteur en scène de la traduction, ce qui permet à l'auteur de gagner de l'argent plus rapidement auprès du public second (celui de la traduction) plutôt que d'attendre sans certitude la rémunération de la seule vente de ses pièces originales selon les termes du contrat passé avec l'éditeur.

Nous examinerons d'abord les relations entre l'auteur du texte de départ et le traducteur. Dans le contexte bilingue camerounais (français / anglais) où le traducteur de théâtre est en contact et en rapport direct avec l'auteur, il y a une sorte de jeu de force qui caractérise leurs relations, d'un côté l'auteur cherchant à protéger et à sauvegarder son oeuvre de toutes modifications ou changements, et de l'autre, le traducteur cherchant à se l'approprier pour mieux être fidèle à l'auteur et satisfaire également les attentes du destinataire. La traduction résultante reflète souvent une sorte de compromis entre les consignes et exigences de l'auteur et les choix et stratégies du traducteur.

Les langues vernaculaires mises à part, à l'heure actuelle, tous les dramaturges camerounais reconnus et de renom sont plus ou moins bilingues en français et en anglais avec une connaissance approximative de la deuxième langue. Le problème avec ces auteurs, c'est qu'ils sont méfiants de la traduction et exigent du traducteur une fidélité à la lettre. Pour s'en assurer, ils insistent pour la vérifier en comparant la traduction à l'original afin de repérer des éléments lexicaux ou des structures syntaxiques identiques et de s'assurer que les différents actes et scènes de la version traduite ont la même (ou à peu près la même) longueur que l'original. Si la traduction est plus longue, cela implique automatiquement que le traducteur s'est égaré et a dit des choses que l'auteur n'a pas dites dans son original. Si, par contre, la traduction est plus courte, cela veut dire que le traducteur a omis ou supprimé quelque chose dans l'original. Dans un cas comme dans l'autre, le traducteur doit lui fournir des explications justificatives et satisfaisantes avant qu'il accepte la traduction comme telle. Ceci entraîne entre auteur et traducteur des séances de travail souvent longues, fatiguantes et truffées de malentendus, l'auteur insistant auprès du traducteur pour qu'il respecte sa façon de dire.

Le comportement des différentes catégories de metteurs en scène ainsi que celui des traducteurs exerçant dans le domaine théâtral ne permet pas également au metteur en scène et au traducteur de synchroniser leurs activités en vue d'atteindre le même objectif, c'est-à-dire le lecteur ou le spectateur en langue d'arrivée.

Pour ce qui est des différentes catégories de metteurs en scènes, au Cameroun on distingue trois catégories de troupes théâtrales au sein desquelles les metteurs en scène exercent leur métier : les Théâtres Universitaires, Le Théâtre National et les troupes amateurs.

Les Théâtres Universitaires sont des troupes de théâtres créées au sein des institutions universitaires du Cameroun soit par des filières de formation théâtrale et d'art dramatique soit par des clubs de théâtre au sein des facultés des lettres. Ces troupes sont généralement dirigées par des enseignants qui sont des dramaturges et des metteurs en scène professionnels. Les comédiens sont des étudiants et le public visé est en général académique (milieux scolaires et universitaires), mais parfois d'autres couches sociales instruites sont aussi visées.

Bien que le public des Théâtres Universitaires soit plus ou moins homogène du fait qu'il est instruit, les lieux scéniques restent très variés et la plupart du temps ils sont improvisés, ce qui fait que face à de multiples lieux scéniques, le traducteur de théâtre ne peut pas d'avance visualiser un lieu scénique unique afin de mieux élaborer des stratégies de traduction appropriées.

En ce qui concerne Le Théâtre National, en 1968 le Ministère de la Culture a crée Le Théâtre Expérimental qui en 1976 est devenu Le Théâtre Ecole, pour ensuite devenir Le Théâtre National en 1979. Le Théâtre National est constitué des troupes de théâtre encadrées par le Ministère de la Culture dans le cadre de la promotion de la culture camerounaise mais qui sont des véritables troupes professionnelles qui exercent leurs activités théâtrales de façon indépendante car le rôle du Ministère de la Culture se limite à la formation et au perfectionnement des artistes pour leur assurer d'avantage de professionnalisme.

Contrairement aux Théâtres Universitaires dont les metteurs en scène et les comédiens ne dépendent pas entièrement des activités théâtrales pour gagner leur vie, ceux du Théâtre National dépendent entièrement du théâtre pour leur survie. Le public du Théâtre National couvre toutes les couches sociales. La qualité des représentations de ce théâtre est considérée d'un très haut niveau et les représentations reçoivent généralement un écho très favorable auprès du public. Les metteurs en scène de cette catégorie sont les moins nombreux parmi les trois catégories et ils sont tellement sollicités par leurs activités que leurs relations avec le traducteur restent limitées à la négociation des tarifs de la traduction et à la fixation des délais de remise du texte traduit. Ils ne jugent jamais nécessaire et utile de discuter de la traduction avec le traducteur car ils se disent bilingues et pensent qu'une fois la traduction remise, ils sont en mesure de s'occuper seuls des problèmes éventuels y afférents. Certains parmi eux vont jusqu'à affirmer haut et fort que s'ils ne traduisent pas les pièces eux-mêmes c'est parce qu'ils sont trop pris par d'autres activités pour y consacrer le temps nécessaire. Tous les traducteurs exerçant dans le domaine théâtral s'accordent à leur attribuer un comportement quelque peu hautain.

Quant aux troupes amateurs, comme le remarque Ambroise Mbia (1988 : 220), « l'émergence au Cameroun ces dernières années d'une vague de jeunes éclairés animés du désir farouche de s'imposer en metteur en scène et qui n'ont pour seules armes que la volonté et l'enthousiasme a provoqué un phénomène d'effervescence dans le théâtre. » Ces troupes amateurs sont donc les plus nombreuses parmi la trentaine de troupes de théâtre que compte actuellement le pays et elles sont les plus actives sur le terrain. Certaines troupes de cette catégorie à l'instar de *Uhuru Drama* de Dave K. Moktoï, du *Théâtre Expérimental* de Daniel Ndo, des *Magouilleurs* de Jean Miché Kankan, du *Théâtre du Chocolat* d'Etoundi Zeyan sont même parmi les plus populaires du pays car elles pratiquent le théâtre comique qui est le théâtre le plus apprécié et le plus populaire du Cameroun aujourd'hui. Ce théâtre provoque le gros rire chez le public et les foules immenses qui accourent à chaque représentation pour aller s'assouvir à cette hilarité communicative sont un témoignage très éloquent de la popularité de ce théâtre.

Lors d'une réunion tenue à Douala en juin 2002 regroupant les dix traducteurs de théâtres reconnus exerçant actuellement dans le domaine du théâtre et à laquelle nous avons pris part en tant que traducteur de théâtre, il était question de discuter des nombreux problèmes que le traducteur de Théâtre camerounais rencontre régulièrement dans l'exercice de son métier. Tous les participants à la réunion s'accordent à dire qu'ils rencontrent le plus de difficultés à travailler avec les metteurs en scène de la troisième catégorie, c'est-à-dire les metteurs en scène des troupes amateurs qui d'ailleurs se plaignent très souvent (beaucoup plus que les autres catégories de metteurs en scène) de la mauvaise qualité des traductions qu'ils ne trouvent pas jouables.

Il est évident que le traducteur de théâtre gagnerait à aller à la rencontre de ces metteurs en scène, à nouer des relations plus étroites avec eux, à s'intéresser davantage à leurs activités et à assister aux répétitions pour savoir exactement pourquoi ou en quoi ses traductions ne sont pas jugées jouables par ces derniers.

Lors de la réunion sus-mentionnée, quatre des dix traducteurs affirment qu'ils trouvent plus facile à travailler avec les metteurs en scène des Théâtres Universitaires. Ceci s'expliquerait par le fait que ces derniers étant des universitaires, ils leur accordent quelque respect car ils savent que le traducteur a suivi des études universitaires spécialisées en traduction et qu'il est en mesure d'analyser et de faire l'exégèse d'une œuvre théâtrale. Cette attitude expliquerait donc pourquoi ils sont plus disposés à discuter de la traduction avec le traducteur afin de l'ajuster avant sa mise en scène.

Selon notre propre enquête préliminaire à ce propos, l'attitude des metteurs en scène des Théâtres Universitaires envers le traducteur s'expliquerait aussi par le fait que le Théâtre Universitaire se positionne comme un théâtre de recherche et serait donc ouvert à accueillir tout concours qui avancerait la recherche dans ce domaine, ce qui n'est pas le cas du théâtre amateur qui est un théâtre de masse et, par conséquent, reste empirique et très improvisé la plupart du temps.

Pour ce qui est des relations entre l'éditeur et le traducteur, les éditeurs qui demandent les traductions donnent des instructions qui exigent que le traducteur soit fidèle à l'original en effectuant une « vraie » traduction et non une adaptation en écrivant une nouvelle œuvre dans l'autre langue. Généralement. les éditeurs ont une équipe éditoriale bilingue pour relire et vérifier la traduction. Mais n'ayant souvent pas de traducteur dans cette équipe, le principe d'évaluer la traduction n'est pas différent de celui stéréotypé de la notion de fidélité qu'a l'auteur.

Les traductions sont souvent publiées en édition bilingue. Donc un autre problème au niveau de l'édition est celui de la publication de la traduction en édition bilingue avec les contraintes que cela peut comporter quand la version traduite doit être imprimée face à l'original. N'étant pas certain d'un marché suffisamment large pour la version traduite, l'éditeur veut minimiser les coûts de la publication en s'assurant que la traduction soit achetée en même temps que l'original sous la même couverture.

Aux problèmes des relations qu'entretiennent le traducteur de théâtre camerounais avec les autres intervenants de la chaîne théâtrale et qui influent sur ses stratégies de traduction s'ajoutent ceux des différents supports (scène, télévision, radio) qu'ils posent pour le transfert du sens de l'œuvre. En effet, les stratégies adoptées par le traducteur de théâtre camerounais et le transfert du sens qu'il opère sont directement liés à la fonction de la pièce traduite : il ne traduira pas de la même façon la pièce de théâtre destinée à être jouée sur scène, à la télévision, à la radio où à la publication.

Au Cameroun, la télévision et la radio jouent un rôle très important dans la vulgarisation des œuvres théâtrales car les théâtres dont dispose le pays ne se trouvent que dans les grandes villes. Par exemple, la majeure partie de la population qui habite dans les régions rurales ne sera jamais en contact avec des pièces de théâtre que sous forme d'un drame à la radio ou à la télévision. Le Cameroun compte dix provinces. Chaque province est sub-divisée en plusieurs départements qui sont à leur tour sub-divisés en plusieurs arrondissements. Les théâtres dont dispose le pays sont implantés seulement dans trois des dix chefs-lieux de province (Yaoundé, Douala et Bafoussam). Les pièces sont par conséquent jouées dans les autres chefs-lieux de provinces et de départements uniquement dans des lieux improvisés. Les troupes de théâtre n'atteignent que rarement les arrondissements qui sont généralement très enclavés mais fortement peuplés des paysans qui constituent plus de 70% de la population du pays.

Les pièces de théâtre traduites pour la télévision et la radio ne sont pas à l'origine écrites pour être diffusées à travers ces canaux. Les dramaturges camerounais, pour le moment, ne créent pas à l'origine des pièces de théâtre télévisuelles ou radiophoniques spécifiquement conçues pour ces canaux. Par conséquent pour traduire ces pièces de théâtre pour la télévision ou la radio, le traducteur est souvent amené à effectuer des modifications et des réaménagements dans ces textes pour effectivement faire passer le message de l'auteur en créant le même effet. Il est donc obligé de pratiquer une sorte d'adaptation en fonction du support qui malheureusement ne va pas sans enjeux dans ses relations avec les autres intervenants de la chaîne théâtrale. Par exemple, nous avons eu à traduire une pièce pour la diffusion radiophonique dans laquelle nous avons introduit des répliques destinées à permettre à l'auditeur de saisir le sens qu'aurait saisi le spectateur en regardant la pièce sur scène. En l'occurrence il s'agissait entre autre pour nous, pour communiquer l'atmosphère et les émotions révélées par l'apparence physique du personnage ou le décor, d'amener l'un des personnages à faire un compliment sur la couleur de l'habit porté par son interlocuteur ou de faire une remarque sur la présence d'un accessoire sur scène porteur de la charge affective. Mais l'auteur s'en est vraiment offusqué et n'a pas du tout supporté qu'on insère des ajouts dans sa pièce à succès et jouissant d'une grande popularité. Selon lui, de tels ajouts, de surcroît par quelqu'un qui n'est pas un dramaturge, ne pouvaient que desservir la qualité de sa pièce. Nous lui avons longuement expliqué au cours de plusieurs discussions que nous avons cherché simplement à communiquer aux auditeurs radio-phoniques qui ne peuvent pas voir la pièce le même effet qu'il a cherché à créer chez les spectateurs regardant la pièce sur scène. Ce n'est qu'à contrecoeur qu'il a finalement accepté nos ajouts.

Il est à noter également que l'auteur trouvait les ajouts du traducteur d'autant plus inexplicables qu'il avait dû en même temps procéder à la suppression de certaines parties des scènes de sa pièce pour des contraintes de temps d'antenne car une pièce qui, dans une salle de théâtre peut durer trois ou quatre heures, ne durera à la télévision où à la radio qu'environ deux heures au maximum. Donc aux autres problèmes de la traduction théâtrale pour la télévision et la radio s'ajoutent les problèmes de contraintes de temps d'antenne auxquels le traducteur de théâtre doit faire face surtout en évitant des foisonnements dans la traduction. À la base de la réaction de l'auteur ci-dessus, on peut déduire qu'il y a une ferme conviction de la part du dramaturge ou de l'artiste que le traducteur manque de compétence en matière théâtrale.

Il est à noter enfin que l'un des problèmes qui mettent en jeu le rôle, la responsabilité et l'activité du traducteur de théâtre camerounais relève de l'attitude de ce dernier. En effet, les relations du traducteur de théâtre avec le metteur en scène dépendent aussi de l'attitude du premier envers le second et envers le théâtre en général. Il ne s'agit pas pour nous de décrire le comportement individuel du traducteur envers le metteur en scène, mais plutôt le comportement qui caractérise la catégorie des traducteurs à laquelle il appartient.

Pour expliquer cette attitude, il est donc nécessaire de la situer dans le contexte des différentes catégories des traducteurs qui exercent leur métier dans le domaine du théâtre. Il y a d'abord ceux qui exercent comme traducteurs indépendants (au nombre de six), ensuite ceux dont l'activité s'exerce au sein d'un cabinet de traduction (deux) et enfin ceux qui sont des traducteurs salariés d'un organisme public ou parapublic (deux). À ces trois catégories correspondent plus ou moins trois types de comportement.

Les traducteurs de la première catégorie sont indifférents à la représentation et aux activités théâtrales du metteur en scène. Pour eux leurs relations avec le client (le metteur en scène) se limitent strictement aux relations d'affaires (négociation et entente sur les délais, les tarifs, retrait du travail fini par le client lui-même ou la livraison chez le client, etc.) et non à une quelconque autre collaboration. Dès que la traduction est remise au metteur en scène ils ne se sentent plus concernés par ce que ce dernier en fait après. Il est aisé de constater après l'analyse de certaines traductions de pièces de théâtre faites dans cet esprit par des traducteurs de cette catégorie et destinées à la réalisation radiophonique que lesdites traductions en définitive ne servent véritablement ni l'intérêt du metteur en scène, ni celui des spectateurs, ni celui de l'auteur de l'original et de son texte.

Quant aux traducteurs de la deuxième catégorie, leur attitude est plutôt ambiguë. Ils assisteraient très volontiers aux représentations de leurs traductions à condition qu'ils soient invités par le metteur en scène à ses propres frais ou s'ils disposaient suffisamment du temps et des moyens financiers pour y assister ou encore si leur cabinet considérait leur participation aux représentations comme une sorte de formation de perfectionnement et prenait en charge leurs frais de déplacement.

Enfin les traducteurs de la troisième catégorie préfèrent et cherchent à nouer une collaboration plus étroite avec le client (le metteur en scène) et font ce qu'ils peuvent pour assister aux répétitions et aux représentations de leurs traductions car ils sont intéressés par le devenir de leurs traductions. Les traducteurs de cette catégorie qui ont une situation financière sécurisée par des salaires réguliers parviennent à tenir tête au metteur en scène en refusant d'effectuer des traductions dans des conditions et des contraintes de temps jugées inacceptables. En plus de chercher à gagner un peu plus d'argent et contrairement à ceux des deux premières catégories, ils sont aussi animés du désir de relever les défis que pose la traduction des pièces de théâtres camerounais, d'où leur volonté affichée d'aller à la rencontre du metteur en scène pour une possible harmonisation de leurs activités et stratégies respectives.

A ce propos nous avons relevé ailleurs que selon notre propre expérience, chaque œuvre dramatique propose au traducteur plusieurs possibilités d'interprétations et il a la possibilité de choisir l'une de ces possibilités. Dans cette phase de son travail, il ressemble au metteur en scène qui lui aussi souvent choisit une des possibilités du texte d'après sa vision de la mise en scène. Donc dans le cas idéal, le traducteur de théâtre doit être en contact étroit avec le metteur en scène et les participants de la réalisation scénique car un résultat réussi dépend d'une conception unique de tous les participants. En outre, le traducteur de théâtre qui vit en contact constant avec les personnages de l'œuvre interprétée est fort sensible à chaque situation dramatique et il adapte ses moyens linguistiques en fonction de la situation (cf. Suh 2006 : 151-152).

Notre propre démarche vis-à-vis du metteur en scène est la suivante. Au moment où le metteur en scène nous remet la pièce pour la traduction, nous lui demandons d'esquisser sa conception de mise en scène de la pièce. Ensuite le premier jet de notre traduction est d'abord discuté avec lui pour harmoniser la mise en scène proposée avec le sens que nous avons dégagé de l'original et exprimé dans notre traduction. Après avoir précisé ensemble tous les détails nous rajustons le cas échéant notre traduction pour cette mise en scène. Enfin, nous assistons aux premières séances de répétitions qui nous permettent de retravailler certains aspects de notre écriture. Nous jugeons les résultats satisfaisants pour une mise en scène donnée. Mais le public et les lieux scéniques camerounais étant très variés, il arrive très souvent que le metteur en scène continue à exploiter la même traduction pour d'autres publics et d'autres lieux scéniques sans plus nous consulter. De ce fait, s'il n'est pas possible au traducteur de théâtre camerounais d'influencer complètement le résultat de sa traduction il peut par contre constamment œuvrer à accroître d'avantage son influence sur le metteur en scène pour mieux gérer les variables de la situation.

Les relations entre le traducteur de théâtre camerounais et le metteur en scène peuvent être également considérées du point de vue de l'autorité qu'exerce le metteur en scène et du respect dont il jouit auprès des autres intervenants de la chaîne théâtrale.

Très souvent c'est le metteur en scène qui contacte le traducteur pour la traduction d'une pièce en vue d'une mise en scène. Etant donné que c'est lui l'initiateur de la traduction et que c'est lui qui offre du travail au traducteur et le paie, il s'ensuit que c'est lui qui est en situation d'autorité par rapport au traducteur qui de ce fait devient son serviteur tenu de respecter ses consignes. Par ailleurs dans la chaîne théâtrale le traducteur est sous l'autorité hiérarchique du metteur en scène du fait que c'est ce dernier qui assure la coordination et la direction des différents composants de la représentation théâtrale.

Outre l'autorité dont il jouit, le metteur en scène jouit aussi du respect des autres intervenants de la chaîne théâtrale. En amont il est considéré par l'auteur de l'original comme artiste et créateur au même titre que lui-même. En aval il est également respecté par les comédiens et les autres personnes impliquées dans la représentation de par son influence et son rôle primordial dans la mise en scène. Le corollaire de ceci chez le traducteur pourrait se manifester par un sentiment ou un complexe d'infériorité matérialisé par le désir de gagner simplement son argent en se tenant à l'écart des activités et de la vie théâtrales. Mais il importe au traducteur de savoir que le fait que le metteur en scène sollicite ses services dont il a besoin pour assurer la réussite de son entreprise implique la reconnaissance par ce dernier de son expertise et de son autorité dans son domaine de spécialisation.

Il lui appartient donc de prendre l'initiative d'imprimer aux autres intervenants de la chaîne théâtrale, notamment au metteur en scène, l'orientation et la démarche à suivre en matière de la traduction théâtrale. II doit également s'affirmer dans le domaine théâtral non pas en s'intéressant uniquement à l'activité traduisante mais également à l'activité et à l'univers théâtral.

Il est à noter que la liberté dont dispose le metteur en scène vis-à-vis de l'auteur original sert en quelque sorte d'exemple pour le traducteur de théâtre camerounais car elle doit lui servir d'inspiration dans sa stratégie de réexpression. En effet, contrairement à l'attitude protectrice du dramaturge bilingue qui évalue la traduction purement sur des bases linguistiques avant de l'accepter, exerçant ainsi une sorte de pression directe sur le traducteur, le metteur en scène lui n'entrave pas (du moins pas de façon directe) l'initiative, la liberté et la créativité du traducteur étant donné qu'il n'effectue pas une évaluation qualitative préalable avant d'accepter la traduction. Dans ces conditions, tout en faisant usage de la marge de la liberté d'action dont il dispose et afin d'éviter de se livrer à la même liberté quelque peu démesurée du metteur en scène, il appartient au traducteur de faire appel à sa propre responsabilité de fidélité envers l'auteur, son vouloir dire et les destinataires dans la réexpression du sens en langue d'arrivée. En effet, comme l'affirme Leclercq (2002 : 2), « le traducteur, ce (co) auteur responsable, étant maître de son projet comme de son écriture, rien ne lui est interdit, rien ne se refuse à la reformulation, tant qu'il trace sa voie dans le respect des deux phares inaliénables : fidélité et beauté. À lui de solliciter toute la richesse du possible qui s'offre pour satisfaire sa volonté d'écriture authentique. À lui d'exploiter la langue et la culture d'accueil pour produire un discours vrai. À lui de servir, dans la liberté et la contrainte, l'homme et le texte dont il est le porte-parole ».

# Bibliographie

Abdou Karim, F., 1998, « La représentation théâtrale au Cameroun ». *Théâtre Camerounais*. Yaounde : BET & Co. Ltd.

Adamu Musa, A. S., 1986, "Drama and Television: A study of Selected Plays and their possible Adaptation for TV". Mémoire de Maîtrise. Faculté des Lettres. Université de Yaoundé I.

Arnold, S. H., 1986, "A Comparative view of the Career and Aesthetics of Victor Musinga, Cameroon's most Popular Playwright". *African Theatre Review*. Vol. 1. No. 2.

Atebong, G., 1972, « Comic Elements in She Stoops to Conquer and Three Suitors, One Husband ». Mémoire de D.E.S. Faculté des Lettres. Université de Yaoundé I.

Butake, B., 1988, " The Rise of the Comic Genre in Cameroon Drama : A Case Study of the Dramatic Compositions of Guillaume Oyono Mbia". *Cameroon Theatre*. Yaoundé : BET & Co. Ltd.

Butake, B. and Doho, G. 1988, *Théâtre Camerounais*. Yaounde : Centre Camerounais de l'I.I.T.

Doho, G., 1988, « La dette du théâtre camerounais moderne envers l'oralité ». *Théâtre Camerounais*. Yaounde : BET & Co. Ltd.

Doho, G. 1983, « L'Espace dans le théâtre négro-africain : les rites cérémoniels du Cameroun ». Thèse de Doctorat de 3è cycle. Université de Lyon 2.

Eyoh Ndumbe H., 1979, "The Development of Drama in Cameroon 1959-1979". Ph. D Thesis. University of Leeds.

Eyoh Ndumbe, H., 1985, "The Future of Drama in Cameroon". *Proceedings of Colloquium on Cameroon Literature and Literary Criticism*. Yaounde.

Eyoh Ndumbe H., 1986. "Roots : A Preliminary Survey of Indigenous Drama in Cameroon". *Annals of the Faculty of Letters*. Vol. 11. No. 1. Yaounde.

Eyoh Ndumbe, H., 1988, "Cameroon Theatre". *Cameroon Theatre*. Yaounde : BET & Co. Ltd.

Leclercq, G., 2002, « La traduction littéraire sous les fourches caudines de la beauté et de la fidélité », dans *Recueil d'articles publiés par Guy Leclercq*. ESIT-Université de la Sorbonne Nouvelle. Paris III.

Makon, P., 1988, « Le théâtre camerounais et son public : quelle relation créatrice ? ». *Théâtre Camerounais*. Yaounde : BET & Co. Ltd.

Mbia, A., 1988, "La mise en scène au Cameroun : Enrichissement d'expressions originales ou domaines des expériences limitées ». *Théâtre Camerounais*. Yaounde : BET & Co. Ltd.

Mbom, C., 1988, « Le théâtre camerounais ou les reflets d'une société en pleine mutation ». *Théâtre Camerounais*. Yaounde : BET & Co. Ltd.

Mono Ndzana, H., 1987, "Le théâtre populaire camerounais aujourd'hui". *Actes du Colloque National sur le Théâtre Camerounais : bilans et Perspectives*. Yaounde : MINFOC.

Oyié Ndzie, P., 1985, « Le théâtre et l'identité culturelle camerounaise ». *The Cultural Identity of Cameroon*. Yaounde : MINFOC.

Oyono Mbia, G., 1964, *Trois prétendants …un mari*. Yaounde : Editions Clé.

Oyono Mbia, G., 1977, The Dramatist's Problems in Cameroon". *Colloquium on Cameroon Literature and Literary Criticism*. Yaoundé : Yaounde I University.

Oyono Mbia, G., 1985, *Interview with African Literature Specialisation Students of The Faculty of Letters*. Yaoundé : University of Yaounde I.

Mbia, A., 1988, "La mise en scène au Cameroun : Enrichissement d'expressions originales ou domaines des expériences limitées ». *Théâtre Camerounais*, Yaounde : BET & Co. Ltd.

Pavis, P., 1987, *Dictionnaire du théâtre*. Paris : Messidor/Editions sociales.

Philombe, R., 1984, *Le livre camerounais et ses auteurs*. Yaounde : Ed. Semences Africaines.

Suh, J. C., 2006, « La problématique de la traduction théâtrale au Cameroun ». Dans Perspectives on Language Study and Literature in Cameroon. Limbe : ANUCAM.

Tomarchio, M., 1990, « Le théâtre en traduction : quelques réflexions sur le rôle du traducteur (Beckett, Pinter) ». *Palimpsestes*. n° 3. Presses de la Sorbonne nouvelle.

# An Assessment of the State of Subtitling in Cameroon: Past, Present and Future

## L.S. Ayonghe, J-L Kruger, J. Suh & E. Chia

## 1. Introduction

The paper proposes to study subtitling in Cameroon from the perspectives of its past and its evolution. It also attempts to assess its status as an instrument for enhancing translation and language pedagogy in a complex bilingual, multilingual context that the country is.

By its constitution, Cameroon is a bilingual country with French and English as its official languages. From birth, however, Cameroonians learn their mother tongues, that is, one or more of the 279 indigenous languages (IL) (Grimes, 2000) spoken in the country, and only learn one or both of the official languages in school. By law, all Cameroonians are expected to be bilingual in French and English. From this official standpoint, Cameroon could therefore be described as a bilingual and bicultural country.

Gottlieb (2004: 15) defines subtitling as "the rendering in a different language of verbal messages in filmic media, in the shape of one or more lines of written text, presented on the screen in sync with the original verbal message". He distinguishes between different forms of subtitling. From a linguistic viewpoint, there are intralingual (within one language) and interlingual (between two languages) subtitles whereas technically speaking, subtitles can be either open (not optional, i.e. shown with film) or closed (optional, i.e. shown via teletext or as a selection on digital versatile disk (DVD). The main aim of interlingual subtitling is to provide access to dialogue on the soundtrack that is in a language the viewer does not understand, or in text in a language the viewer does understand. Intralingual subtitling is mainly used for persons with a hearing impairment. It is also used to provide reading practice or to improve comprehension by speakers who have a limited proficiency in the source language. Intralingual subtitling is also used in second and foreign language teaching to improve comprehension and learning (Kruger *et al.*, 2003: 15, 31-32).

In adding written text to speech, subtitling earns its diasemiotic status. By contrast, the three isosemiotic types of screen translation such as dubbing, voice-over and commentary, all rely on voice replacement or revoicing (Baker, 1998; Baker *et al.*, 1984). Blane (1996: 183-187) defines subtitling as a highly specialised co-contextualising force facilitating the self-access acquisition of receptive abilities in minority languages. According to him, a subtitle exists to assist the interpretation of another text (language that is functional, that is doing some job in some context). Closed captioning is the process by which audio portions of television programmes are transcribed into written words that appear on the television screen at the same time as the programme. Captions are similar to subtitles used for foreign language films, but differ in that they can be received only through the use of an electronic decoder or "black box". In addition, live programmes such as the evening news and sporting events, can be simultaneously captioned (Spanos & Smith, 1990). Same Language Subtitling (SLS) refers to the idea of subtitling motion media programmes (television and film) in the "same" language as the audio (Kothari *et al.*, 2002). The term subtitling is sometimes referred to as captioning. In Australia and the United States of America, same language/intralingual subtitling is called captioning and interlingual subtitling is called subtitling. This study is based on the European convention where subtitling is also known as captions.

## 1.1 The State of Subtitling in Cameroon

Since subtitling is not an established mode used in Cameroon, it is not yet being used on television (TV) stations or in schools and tertiary institutions. Consequently, there is not much to talk about on the past of subtitling in the country. Presently, nothing is being done in relation to subtitling in this country. Close captioning technology was originally devised for the deaf and hearing impaired. However, in the United States of America, Europe, India and South Africa, there has been recent interest by reading and literacy specialists in the use of closed caption television (CCTV), with hearing audiences as well. In these countries, a wide variety of public and commercial television programmes of potential use in reading instruction are closed captioned, including news, documentaries, dramas, movies and advertisements. Thus educators may choose from an abundant supply of programmes of potential use with language learners of all ages and interests (Spanos & Smith, 1990).

According to Evina (2004) there has never been a census of the deaf and hard of hearing persons in Cameroon and statistics on their distribution nation wide are nonexistent. Regrettably, the use of subtitles to facilitate the learning process for this kind of persons is nonexistent even though Laws No. 83/013 of 1990 and No. 96/379/PM of 1996 provide for equal rights to both the normal and handicapped, in addition to protecting the handicapped. The absence of sufficient state institutions for their training, limits the numbers who will be able to afford basic education in the limited private schools. It is therefore rare to find well-educated deaf persons in the country and the few who have gained some basic education do not benefit from the TV programmes and film industry due to the limited subtitling which accompany them. Evina (2004) further adds that, the Ministry of Social Affairs had already contacted the Director of Cameroon Radio and Television (CRTV) on the use of subtitles in the news and on TV programmes for the deaf and hearing impaired. Discussions on the issue were still going on. This could open up the way for the policy on subtitling in the country. These discussions also include the use of sign languages on TV for the news and other programmes.

The film industry in Cameroon is underdeveloped. There are very few films produced by Cameroonians in Cameroon and even these few films are not subtitled. It seems as though nobody sees the relevance of subtitling since it is still in its infancy. CRTV which is the only State National Radio and Television Corporation does not show films with subtitles. Only dubbed films are shown. So far, nothing is really known or done on subtitling in the country.

Since subtitling is not an established mode of information transfer and communication, there is no training in subtitling at tertiary level or otherwise. A majority of the people does not therefore know what subtitling is, and even when they eventually understand what it is, their impression is that the subtitles disturb them when they are watching a film. Research has however indicated that prolonged exposure to subtitling changes people's attitude positively towards it (Vanderplank, 1988: 275). Interviewing a number of persons about their knowledge on the subject resulted in varied answers according to the different categories of persons. Some adults have the same view as above while others really enjoy reading the subtitles. Children, however, prefer the subtitles because they like reading them and are less worried about the programme itself. Although thorough research still has to be carried out here, it is clear that most Cameroonians do not know what subtitles are, or what subtitling is all about.

A simple look at programmes watched over CRTV shows that almost all are not subtitled. It is the same scenario with private TV stations such as STV 1, STV 2, Canal 2, Afrique Nouvelle, etc. The government-run CRTV station covers the entire country with one or two radio stations in each of its ten regions. Each region may have one, two or three private radio and TV stations. Only English and French are used on the TV channels while some of the major IL are used for one or two hours daily on the radio stations. These communication media are mostly utilised by those proficient in English and French while those who can express themselves only in their mother tongues cannot benefit from the entertainment and information from these audio-visual media. The question is: why are programmes on the TV channels not subtitled? The fact that Cameroon has two official languages and 279 indigenous languages makes subtitling the cheapest translation tool or medium as compared to other translation media (Ivarsson, 1998: 33-34). Indeed, subtitling seems to be the answer here. So why is the country not using subtitling, for instance, in translation, teaching, learning in schools and in tertiary institutions as well as to promote multilingualism and even bilingualism which is so much echoed in the constitution?

One of the answers to the questions above could be that subtitling is not yet an established mode of communication in the country. Another could be that most Cameroonians are probably not aware of the existence of subtitling and consequently do not know or do not understand what it is, and its potential uses in a purely Cameroonian context. Researching into the situation of subtitling in the past, present, and future may create awareness among Cameroonians on its potential uses and benefits as well as open up further avenues for research in the subject.

The future of subtitling in the country will therefore depend on: studies carried out in this field by researchers; the government and people's awareness of the benefits and potential uses of subtitling and their attitude towards it; the interest TV stations (government and private) have on issues of subtitling; the language policy in the country; the availability of funds for subtitling related projects and for the purchase of subtitling equipment and; the availability of funds for training subtitlers who will in turn train others.

Cameroon lacks subtitling facilities in its audio-visual media and film industry. Furthermore, in the global economy we now live in, a major opportunity exists for entertainment and publishing companies to dramatically increase their sales and distribution through advertisements, some with subtitles, specifically designed to enable access to information across the continent. This provides an opportunity to expand both the audience and the content to other cultures. Producers and/or publishers are increasingly tapping off from these markets simply by providing translations (subtitling or dubbing). Although a lot of research is being carried out now in the field of subtitling internationally, no one has yet joined in this global effort in Cameroon. This country must therefore step up efforts to equally contribute to or tap off from the world global economy. At present, literature on subtitling in Cameroon is nonexistent.

## 1.2 Objective of this Study

The objective of the present study is therefore to highlight the general potential uses of subtitling in different contexts and to assess its potential state in the Cameroonian context based on an evaluation of the opinion of a cross-section of Cameroonians, especially with respect to its benefits and uses:
- as a translation tool to improve and promote bilingualism and multilingualism;
- in language acquisition;
- in literacy training and;
- in academic literacy[1] and academic language proficiency.[2]

The study will equally provide answers to the following questions:

i) How do Cameroonians perceive subtitling?
ii) Are Cameroonians aware of the existence of subtitling?
iii) Are they aware of the benefits and potential uses of subtitling?

## 2 Review of Related Literature

Research has been carried out internationally in the United States of America, Europe, India and South Africa on the potential uses and benefits of subtitling, etc., in areas such as translation, bilingualism, multilingualism, language acquisition, literacy training, academic literacy, and academic language proficiency. In Cameroon however, no such studies have ever been carried out, especially in a purely Cameroonian context where subtitling is still in its infancy and therefore not yet a mode of communication and information transfer.

### 2.1 The Use of Subtitling as a Translation Tool in the Improvement and the Promotion of Bilingualism and Multilingualism

At first, typical 'subtitling countries' (countries that used subtitles in more than 50 percent of their films) were Belgium, Denmark, Finland, Greece, Luxembourg, the Netherlands, Portugal and Sweden (Koolstra *et al.*, 2002: 326), but nowadays, even France that is known as a typical 'dubbing country', is beginning to show a lot of subtitled films to its audience (Koolstra *et al.*, 2002). For instance, in the 1990s only two or three out of 95 dubbed films used to be subtitled. Today, up to 50 percent of the films in France have subtitles and the trend is on the increase.

Subtitling is no longer the preserve of a few 'subtitling countries' (Ivarsson (1998: 1). Others, even those countries which traditionally used to dub films, are turning to subtitles for reasons of cost effectiveness and also because of changing audience demands. With globalisation, people should think global but when it comes to action, they should act local (Ivarsson, 1998: 1). People want to hear the languages of the rest of the world but they want to be sure they have understood them in their own tongue, too. Subtitles seem to be the answer. Global broadcasting is fast changing the world's viewing habits and making cultural transfer an everyday occurrence. In many countries, subtitles are also being used to revive and teach minority languages, improve mother-tongue literacy, teach a country's official language, and promote foreign language competency (Ivarsson, 1998: 2).

According to Roffe (1995: 215-216) language transfer can make TV programmes understandable to audiences unfamiliar with the original or source language. The techniques of language transfer by means of subtitling have been practised since the start of TV and film production. Nonetheless, multilingual development subtitling is favoured for the fundamental reason that the audience hears the original soundtrack, understands it completely, partially, or not at all, and sees the translation simultaneously with the images.

Subtitling a film simultaneously in two languages has been standard practice for many years in bilingual countries such as Finland and Belgium (Ivarsson, 1998: 28-29). However, TV offers a much greater scope for practical solutions. Programmes transmitted by satellite are beamed at several countries simultaneously and obviously, to attract viewers, it is desirable to have them subtitled in the languages of those countries. Often within the same country, even for the broadcasts of a single public service TV company, it may also be desirable to subtitle programmes in different languages for national minorities or immigrant groups, or for viewers with varying levels of impaired hearing, allowing individuals to choose the version they prefer.

Subtitling offers the opportunity to unify or harmonise dialects or languages (Kruger *et al.*, 2003) as different dialect users see the relatedness of their variety to the norm. Also, if subtitling is to be accepted by viewers, it must be well executed, and this requires special expertise on the part of subtitlers (Ivarsson (1998: 1). Therefore, it is necessary to devote specific research to determining the level of access to television sets as well as the level of functional literacy of viewers. In other words, there is a relation between the use of subtitles, the type of subtitles used, the number of viewers in a language, and the literacy level of these viewers. The introduction and volume of subtitling in a particular language should therefore be done gradually according to the needs of the groups.

Subtitling can therefore be used as part of the process of literacy (Kruger *et al.*, 2003).

Subtitling has proven to be the most accessible and cost-effective, compared to other modes of language use and development such as dubbing and voice-overs (Ivarsson, 1998). Evidence has shown that in terms of production costs, subtitling is seven times less than dubbing for instance, which often requires a large number of participants while subtitling can be done by only one person.

Borras and Lafayette (1994: 72) for instance, observed that subtitling among college students of French seems to help learners not only to comprehend authentic linguistic input better, but also to produce comprehensible communicative output. Vanderplank (1988, 1990) demonstrated that subtitles were valued by learners because they increased comprehension, unlocked accents, dialects and humour, and drew learners' attention to unfamiliar phrases and words. Kruger & Verhoef (2002) observed that subtitles were a viable and suitable medium for the transfer of information and that subtitling will increase the comprehension of visual material. They add that subtitling may indeed address particularly the comprehension of abstract academic language.

It can be deduced from the foregoing that the main advantage of subtitling in an educational environment is that it tends to make the content more comprehensible. Subtitling provides easier access to the target language resulting in greater comprehension and learning. The latter statement is supported by Gambier & Gottlieb (2001) who divide the field of screen translation into three fundamental issues, namely: the relationship between verbal output and pictures and soundtrack, between a foreign language / culture and the target language / cultures, and finally between the spoken code and the written one.

## 2.2 The Use of Subtitling in Language Acquisition

According to Koolstra *et al.*, (2002: 344) the most important advantages of subtitling are that: it is less expensive; viewers who are proficient in the original source language or who wish to learn it are able to hear the original dialogue without interference; viewing is possible with environmental noice and; it stimulates reading development and foreign language acquisition. By watching subtitled programmes, which also implies reading the subtitles, viewers get experience in reading. This means that watching subtitled TV programmes will, over time, lead to better reading skills. Garza (1991: 239) determined that both students learning English as a Second Language (ESL) and native English speaking students learning Russian, improved their global reading/listening comprehension when captions were available. Borras and Lafayette (1994: 61) found that multimedia presentations including native language subtitles facilitated better general comprehension of material by native English speaking university students who were studying French as a foreign language.

A study conducted by Baltova (1999) on Grade 11 core French students, proved that 'bimodal video' is an effective way of enhancing second language (L2) learners' understanding of authentic texts and their learning of content and vocabulary in the L2.

Williams and Thorne (1999), in a pilot study aimed at gaining insights into how language learners benefit from training in interlingual subtitling, showed that students' communication competence in both L1 and L2 improved while they also simultaneously mastered transferable skills.

## 2.3 The Use of Subtitling in Literacy Training

Kothari *et al.* (2002: 55) demonstrated that adding subtitles to existing TV programmes, especially film songs and music videos, could make a quantum contribution to the improvement of reading skills for over 325 million neo-literate people in India (a neo-literate person is defined here as someone who is at risk of literacy skill erosion and/or possible relapse into illiteracy). In a similar vein, Rogner (1992) proved that captioned TV programmes could increase sight-recognition vocabulary of functionally illiterate adults.

According to Kothari *et al.* (2001), same language subtitling (SLS) raises the literacy skills of all early literates on a mass scale, through lifelong practice; motivates non-literates toward literacy, through entertainment and popular culture; makes reading an automatic and reflex phenomenon in everyday life; creates a reading culture and an environment for reading; and makes reading inescapable. Subtitling certainly is indeed an educational force to reckon with. It has the potential to achieve a number of goals in the educational sphere. It could, for example be used to increase literacy, reading skills and multilingualism (Kruger *et al.*, 2001; Ivarsson *et al.*, 1998).

According to Kruger *et al*. (2001), this mode of subtitling is an aid that has the potential to make a significant contribution to such courses and programmes by providing conceptualisation (vocabulary, grammar, prior knowledge and frame of reference); and oral and written communication skills to demonstrate this.

Same Language Subtitling (SLS) has been found to improve the sight vocabulary of adult literacy students (Bean and Wilson, 1989), and to provide reinforcement for new vocabulary in the second language class by providing a context for its use (Gillespie, 1981). SLS has also been shown to facilitate listening comprehension and the acquisition of native-English speech patterns in English as a Second Language (ESL) learners (Price, 1983). Studies also report the positive attitudes on the part of the students towards this medium (Bean and Wilson, 1989). According to Goldman and Goldman (1988), the use of closed captioned primetime television programmes with high school ESL students and students in remedial reading programmes increased the students' motivation and resulted in an improvement in their English vocabulary, reading comprehension, and word analysis skills.

## 2.4 The Use of Subtitling in Academic Literacy and Academic Language Proficiency

Cardillo (1997) demonstrated that integrating foreign films into foreign language teachers' curricular provided a resource for language teachers and created a learning environment that improves second language proficiency at all levels. Bird and Williams (2002: 511) established from experiments that same language subtitling (SLS) can qualitatively change the phonological representation of the word in the student's mind – that is, the text serves to improve recognition of that auditorily presented word, even when the text is not present in later presentations. Huang and Eskey (2000) reported that captions improved university-level ESL students' general comprehension, vocabulary acquisition, and listening comprehension. Markham, Peter and McCarthy (2001) determined that university-level students learning Spanish as a Foreign Language improved their general comprehension of Spanish-language DVD video via the aid of either English captions or Spanish captions as opposed to viewing the same DVD material without captions.

Kilborn (1993: 643 & 646) demonstrated that with subtitling, the original sound track is preserved and a written version provided in the form of a series of titles keeps the viewer informed about what the person is saying.

The particular merit that subtitling has over other language transfer methods is that it allows the viewer access to the original material without at the same time destroying valuable aspects of the authenticity of the material. At every point, language skills are fundamental for the correct interpretation of lectures, texts, and assessment tasks (Brooks and Adams, 2000: 5).

In this literature review, studies on some potential uses of subtitling in different areas have been presented, all of which are very relevant and pertinent to the Cameroonian context where subtitling is still in its infancy.

## 3 Methodology of the Study

This section presents the method of work used together with the whole experiment beginning with the subjects, the materials used, data collection, its analysis and interpretation.

### 3.1 Subjects

The study employed a random selection of freshmen who registered in the English language courses (ENG101/102}. The students were divided into 65 groups of about 80 each by the coordinator of these courses. During group registration, the various group lists were filled in the manner in which the students arrived. This process was supervised by the courses' coordinator. There was no particular order for this registration. Once the first group list had 80 names, it was put aside and the filling of the second group list started, then the third group list and so on and so forth. The choice of ENG101/102 courses was made based on the fact that firstly, they were all freshmen and secondly, they were made up of a cross-section of Cameroonians and therefore represented a good sample of both English and French speaking students. Only five randomly selected groups out of the 65 groups took part in the experiment. Effectively three hundred and six (306) freshmen answered the questionnaire. The students were made up of both Francophones and Anglophones and were randomly assigned to five different groups of the ENG101 course:

- Group 1 (A3Dm-S) watched popular drama episodes from season 2 of Law and Order without subtitles;
- Group 2 (A4Dm+S) watched the same popular drama episodes as group 1 with subtitles;
- Group 3 (C2Dc-S) watched episodes from two BBC documentary series "Himalaya" and "Egypt" without subtitles;
- Group 4 (C3Dc+S) watched the same documentaries as group 3 with subtitles;
- Group 5 (L4None) watched no films.

These groups (except group 5) all watched 12 episodes of about 50 minutes each, one per week for 4 months. At the end of the 12$^{th}$ episode, all the groups including group 5 answered a questionnaire (see appendix) in which questions concerning their knowledge, feelings and perceptions of subtitling were asked.

3.2 Materials

DVD players, DVDs and large TV screens in the language laboratory were used for this part of the study and same language subtitling (SLS). Each episode was shown to the two test groups with the original English soundtrack as well as English subtitles originally intended for Deaf viewers. The use of projectors was not necessary. Films shown were popular dramas and documentaries. There were two reasons for using these genres. Firstly, one had to consider the availability of films and secondly it should be determined whether there was a difference in terms of academic literacy gains between these genres. Furthermore, in order for the subtitles to be useful, the language should be accessible to students and the subtitles should be clear.

Group 1 viewed 12 subtitled popular dramas (one per week) for 12 weeks without subtitles. Group 2, separately, viewed the same films (as Group 1) with subtitles, one per week for 12 weeks. Group 3 viewed 12 subtitled documentary films (one per week) for 12 weeks without subtitles. Group 4, separately, viewed the same documentary films (as Group 3) with subtitles, one per week for 12 weeks. Group 5 viewed none of these programmes. Each episode was approximately 50 minutes.

## 4. Data Collection, Analysis and Interpretation

Data for this study were collected from: (a) the questionnaires (see appendix) filled out by each participant (from all the groups that viewed the films) at the end of the 12th episode of the film shows; (b) the observation which took place during the film shows and; (c) the five minutes discussions that took place at the end of each episode. The data collected was analysed through the use of clustered column charts (Figures 1 to 10) to compare values across the four groups that viewed the films. Answers from subjects in group 5 (56 of them) were not considered for the analysis and interpretation of the results in this study, since they watched no films. There were altogether 22 questions in the questionnaire. Questions 1, 2, 4, 5, 6, 7, 8, 9, 11, 12, 14, 16, 18, 19, 20, 21 and 22 which needed written answers were analysed and conclusions made.

## 5. Results and Discussions

Fig.1 shows that a sizeable number of these subjects do not know what subtitles are despite the fact that some of them had watched films with subtitles for four months. Surprisingly, group 2 which watched dramas with subtitles still did not know what subtitles were. It was the same scenario with group 3 and 4 which both watched documentaries with/without subtitles. The answers to question four (in relation to where subtitles could be found) were varied. Some of the subjects thought

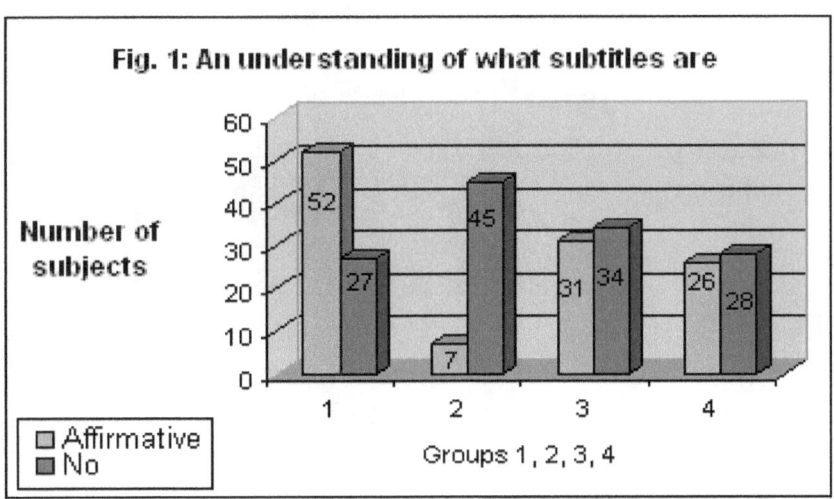

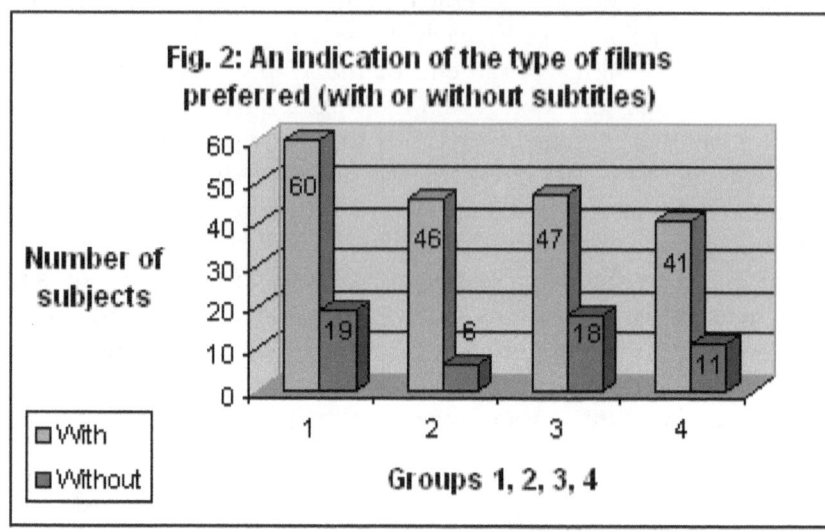

Fig. 2: An indication of the type of films preferred (with or without subtitles)

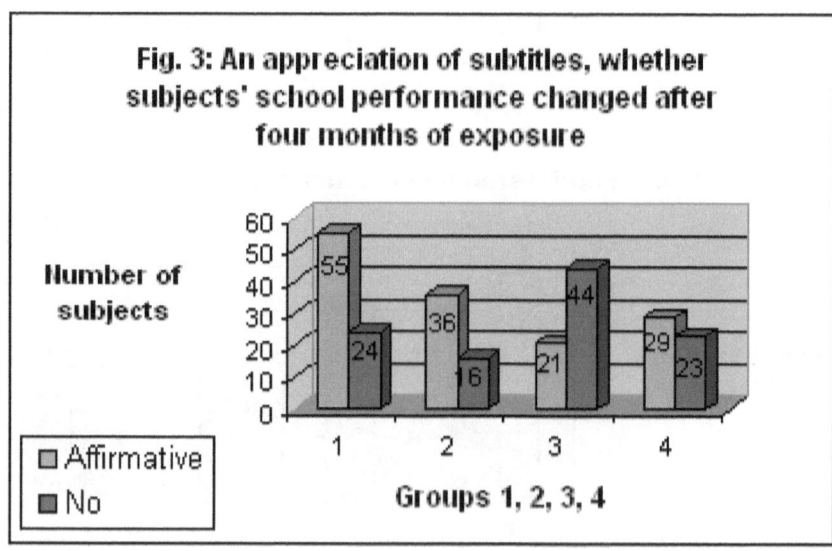

Fig. 3: An appreciation of subtitles, whether subjects' school performance changed after four months of exposure

subtitles could be found in books, novels, newspapers, notice boards, below the main idea, at the beginning of an idea, etc. Only 116 students out of 250 knew what subtitles were and only 96 knew where they could be found. The answers to these two questions reflected the answers to question 5 (in relation to where subtitles were located on the screen). Again very few subjects indicated that subtitles could be located at the bottom of a TV screen.

Almost all indicated their preference for subtitled films (Fig. 2). Their reasons (among others) were that, they made recalling easy, eased understanding, assisted in the spelling of words and helped improve language skills. Only group 3 responded negatively to question 17 (Fig. 3). However, a good number of the students experienced some change in their performance by the end of the semester.

Nearly all the subjects affirmed their desire for subtitled films to be imbedded in the school curricular (Fig. 4) because according to them they were very educative. A great number of the subjects were certain that subtitles could improve their language (Fig. 5) and their reasons were that they eased pronounciation and listening to words, improved their vocabulary and language, helped them to speak fluently, to differentiate aspects of American and British English and improved construction of sentences. Some were put off by the fact that the original soundtrack was not well understood, especially for the popular dramas which were based on purely American English. They were equally convinced that subtitling could be used to study certain courses (Fig. 6).

In Fig. 7, almost all the subjects recognised the fact that subtitles could aid them in their studies. Their reasons were that subtitles eased and gave deeper understanding, increased reading skills, eased spelling of difficult words, gave them new expressions, helped them to concentrate on the film, and could improve their understanding of courses.

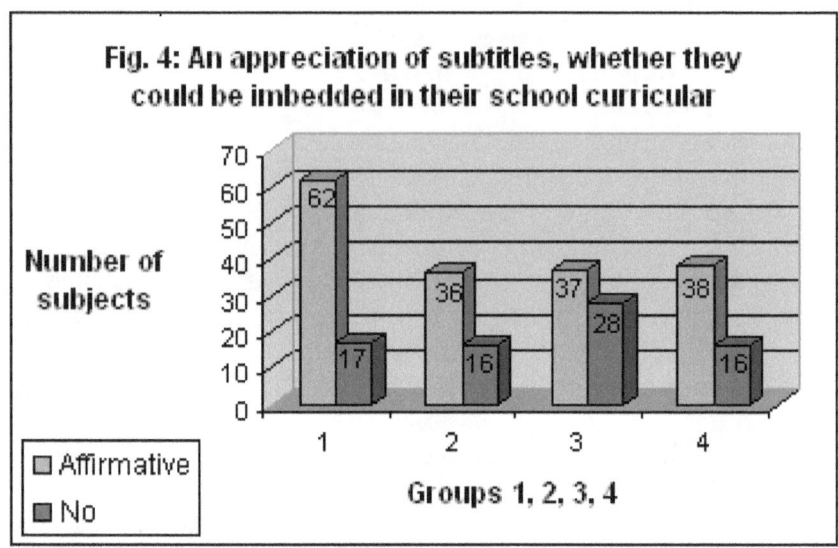

Fig. 4: An appreciation of subtitles, whether they could be imbedded in their school curricular

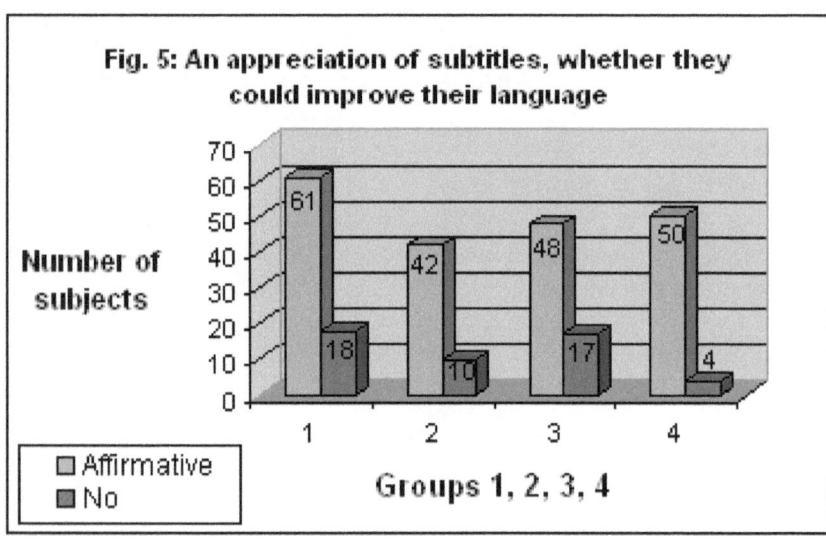

Fig. 5: An appreciation of subtitles, whether they could improve their language

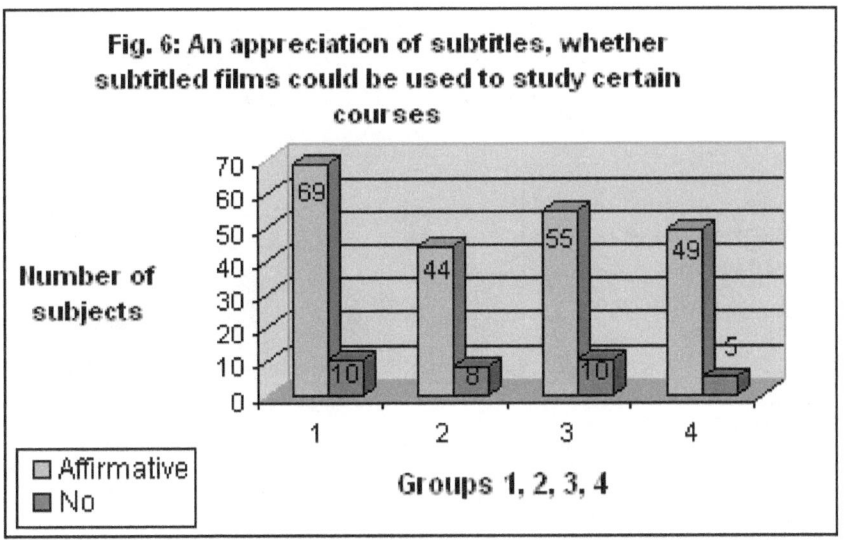

Fig. 6: An appreciation of subtitles, whether subtitled films could be used to study certain courses

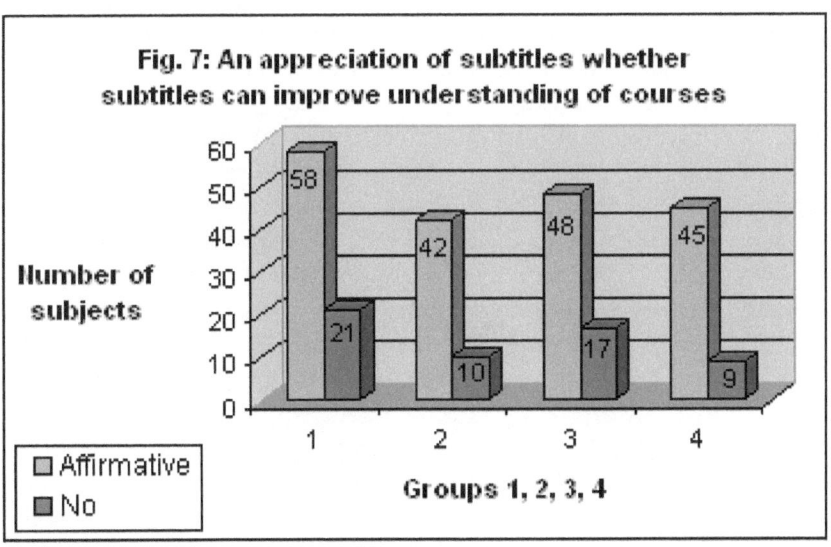

Fig. 7: An appreciation of subtitles whether subtitles can improve understanding of courses

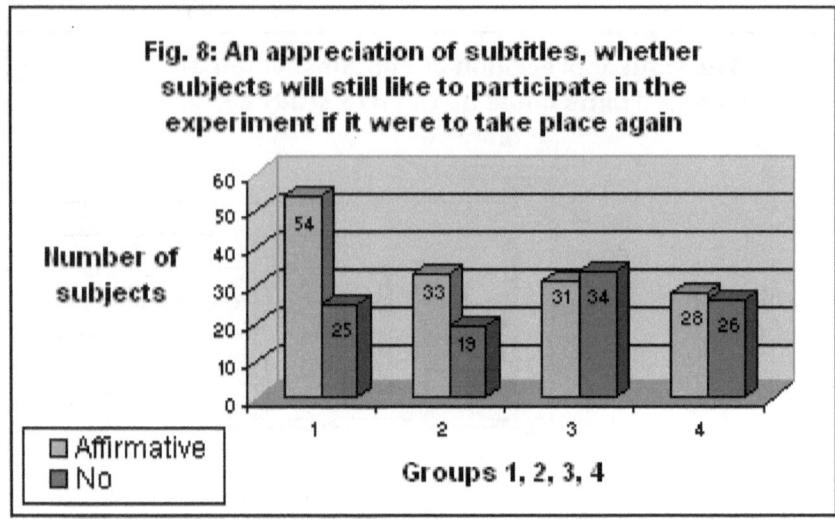

Fig. 8: An appreciation of subtitles, whether subjects will still like to participate in the experiment if it were to take place again

Those who responded negatively said that watching subtitled films made the whole exercise boring and in addition, the subtitles had no relation with their major courses and that the subtitles were confusing and disrupted the chronological flow of the film. The majority of the subjects indicated that they would like to be part of the experiment should the researcher decide to start all over again (Fig. 8). Only group 3 responded negatively to this question.

Some of the questions in the questionnaires requested each subject's individual opinion and suggestions as far as the issue of subtitling is concerned. The suggestions they gave included the following: the University should always have similar programmes available for use by students; film shows with subtitles should be implemented in the University; courses with a lot of practicals should be shown with subtitles for better understanding by the students; the university authorities should include subtitling in the school curricular and for all ENG101 groups; the language in the films should be British English and not American English; the university authorities should create strategies in which films relating to their programmes are shown to the students; lectures should be organised, if possible, to educate people on this issue, so that they can know what subtitles are.

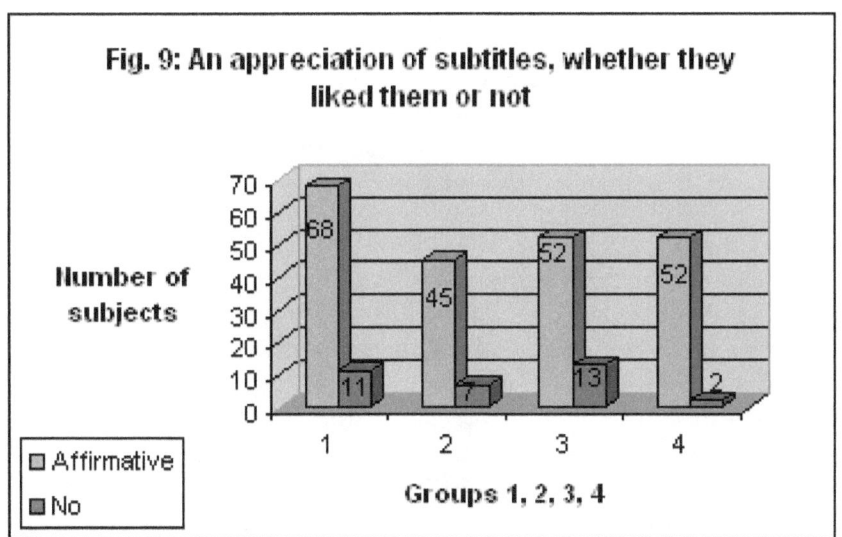

Fig. 9: An appreciation of subtitles, whether they liked them or not

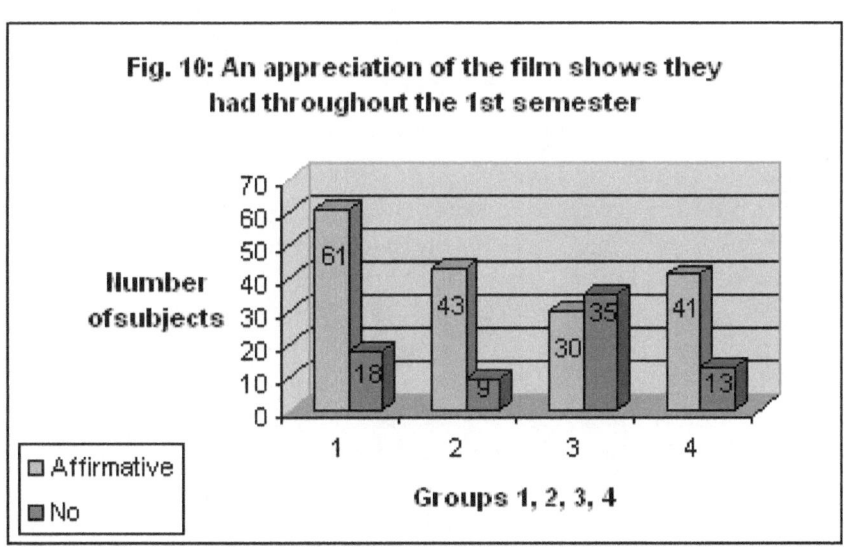

Fig. 10: An appreciation of the film shows they had throughout the 1st semester

Even though the subjects gave the impression during the experiment that the film shows wasted their time, this negative attitude changed by the end of the experiment (Fig. 9). This falls in line with Vanderplank's findings (1988: 275). The subjects generally appreciated the film shows except for group 3 (Fig. 10) which watched documentaries without subtitles.

## 6. Conclusion

The purpose of this study was to examine the global past, present and future evolution of subtitling and assess its state in the Cameroonian context especially as a utility for enhancing bilingualism and multilingualism through translation; language acquisition; literacy training; academic literacy and academic language proficiency. It has been clearly observed from the sample of 250 freshmen admitted into the University of Buea, which included Anglophones and Francophones that most Cameroonians still do not know exactly what subtitles are. This study has equally shown that subtitling is a very powerful tool which, if used with some of the 279 indigenous languages in the country, could go a long way towards establishing the higher-order functions of the languages and at the same time help to break through the language barrier particularly in areas such as translation, bilingualism/multilingualism, teaching, learning, and the film industry.

## 7. Recommendations

Out of the 279 indigenous languages (IL) in the country, about forty have been recorded in writing (Chia, 2004). The officialisation of some of these languages by the government in conjunction with the use of subtitling will pave the way for multilingualism. Subtitling being a very powerful translation tool, it could be used to promote bilingualism (French and English) which could easily be implemented on TV stations. When a programme is broadcast in French for example, English subtitles could be added to it and vice versa. This can be very beneficial to the country particularly in relation to programmes such as documentaries, presidential and other official speeches, HIV/AIDS, etc.

The use of subtitling will create awareness among Cameroonians on the promotion of language rights. Cameroon has a population of about 16 million and from its numerous languages, the promotion of multilingualism could be centered around some of the 40 vernacular written languages. What is clear here, however, is that, the use of bilingual subtitles (English & French) will go a long way to improve translation and the mastery of these official languages.

Due to the fact that this is the first time that any literature is being written on subtitling in Cameroon, there is still a lot of work to be done in this field in the country. Detailed studies could be carried out in each of the areas described in this study.

Cameroonians should be sensitised on subtitling, its uses and benefits/advantages. The government should adopt subtitling as a mode of communication and more subtitled programmes should be aired over the TV. This should equally be implemented by the private TV stations. Even though some of the participants in this study did not like the subtitles at the beginning, their attitude towards them, however, changed positively by the end of the experiment. This means that prolonged exposure of Cameroonians to subtitled programmes will eventually change any negative attitude towards subtitling.

Tertiary institutions should introduce subtitling as a translation, communicative, teaching and learning aid in their curricular.

Although subtitling, when considered on its own, is an expensive method of translation, when compared with the other methods, it is the cheapest and most accessible. It is hoped that this study will serve as the base for more research in the field of subtitling and related areas in Cameroon.

## Notes

1. Academic literacy refers to proficiency in those forms of communication in an academic environment (tertiary for the purposes of this study) that are required for successful academic interaction.

2. Academic language proficiency refers to both written language proficiency (the ability to access and produce written communication) and to oral language proficiency (the ability to understand and produce oral communication). A number of terms have traditionally been used for language proficiency in an academic context – such as academic language proficiency (ALP), tertiary literacy and language proficiency. This study, however, refers to academic literacy (AL) as an interactive approach to the different aspects that allow for successful academic communication.

# Bibliography

Baker Mona, 1998, *Routledge Encyclopedia of Translation Studies*, London & New York.

Baker, R.G., Lambourne, A.D. & Rowston, G., 1984, *Handbook for Television Subtitlers*. University of Southampton. Winchester: Independent Broadcas-ting Authority Engineering division. London. England.

Baltova, I., 1999, Multisensory Language Teaching in a Multidimentional Curriculum: The Use of Authentic Bimodal Video in Core French. *Canadian Modern Language Review*. Vol. 56 (1). [Web:] http://www.utpjournals.com/ product/cmlr/156/ 156-Baltova.html [Date of access: 07 March 2007]

Bean, R.M., & Wilson, R.M., 1989, "Using closed Captioned Television to Teach Reading to Adults". *Reading Research and Instruction*, 28(4), 27 – 37, Eric Journal No. EJ 394 997.

Bird, S.A. & William, J.N., 2002, "The Effect of Bimodal Input on Implicit and Explicit Memory: An Investigation Into the Benefits of Within-Language Subtitling". *Applied Psycholinguistics*, 23:509-533.

Blane, S., 1996, "Interlingual Subtitling in the Languages Degree". In: Baldry, A. 2002a. *Computerised Subtitling: a Multimodal Approach to the Learning of Minority Languages.* http://www.univ.trieste.it/~didactas/pagine/relazione.php?id=20041009084724.htm [Date of access: 20 October 2005].

Borras, I. & Lafayette, R.C., 1994, "Effects of Multimedia Courseware Subtitling on the Speaking Performance of College Students of French". *The Modern Language Journal*, 78(1): 61 – 75.

Brooks, G. & Adams, M., 2000, "Spoken English Proficiency and Academic Performance: is There a Relationship and if so, How do we Teach?" *Macquarie University Annual Report 1999*. North Ryde, Australia: Author.

Cardillo, D. S., 1997, "Using a Foreign Film to Improve Second Language Proficiency: Video vs. Interactive Multimedia". *Journal of Educational Technology Systems 25, No. 2 (1997): 169-177.* [Web:]http://www.albany.edu/ltl/martin/first.html [Date of access: 10 October 2005].

Chia, E. N., 2004, Written Indigenous Languages in Cameroon. Buea. (verbal/personal communication with the author).

Evina, M. A., 2004, Deaf and Hearing Impaired Persons in Cameroon: What Future? Yaounde. (verbal/personal communication with the author).

Gambier, Y. & Gottlieb, H., eds., 2001, *Multimedia Translation. Concepts, Practices and Research*. Amsterdam: John Benjamins.

Garza, T., 1991, "Evaluating the Use of Captioned Video Materials in Advanced Foreign Language Learning". *Foreign Language Annals*, 24(3):239-258.

Gillespie, J., 1981, *The Role of Television as an Aid in Foreign Language Teaching*. Urbana, IL: University of Illinois, School of Humanities, Language Learning Laboratory.

Goldman, M. & Goldman, S., 1988, "Reading With Closed Captioned TV". *Journal of Reading*, 31(5):458-461.

Grimes, B., 2000, *Ethnologue*, Summer Institute of Linguistics, Texas.

Gottlieb, H., 2004, *Screen Translation, Seven Studies in Subtitling, Dubbing and Voice-Over*. Center for Translation Studies, Department of English, University of Copenhagen. P15.

Huang H. and Eskey D., 2000, "The Effects of Closed-Captioned Television on the Listening Comprehension of Intermediate English as a Second Language Students", *Educational Technology Systems*, 28, pp. 75-96.

Ivarsson, J. & Carrol, M., 1998, *Subtitling*, published by TransEdit HB, Simrishamn, Sweden, ISBN 91-971799-2-2, 185 pp.

Kilborn, R., 1993, "Speak my Language: Current Attitudes to Television Subtitling and Dubbing". *Media, Culture & Society*. SAGE, London, Newbury Park and New Delhi, 15 (1993), 641-660.

Koolstra, C. M. & Beentjes, J. W. J., 1999, "Childrens' Vocabulary Acquisition in a Foreign Language Trough Watching Subtitled TV Programmes at Home". *Educational Technology Research and Development*, 47:51-60.

Koolstra C. M., Allerd L., Peeters & Spinhof H., 2002, "The Pros and Cons of Dubbing and Subtitling". *European Journal of Communication*, SAGE Publications (London, Thousand Oaks, CA and New Delhi), Vol. 17(3): 325-354.

Koskinen P., Knable J. Markham P, Jensena C., & Kane K., 1996, "Captioned Television and the Vocabulary Acquisition of Adult Second Language Correctional Facility Residents". *Journal of Educational Technology Systems*, 24:359-373.

Koskinen P., Wilson R. & Jensena C., 1986, "Closed-Captioned Television: A New Tool for Reading Instruction". *Reading World*, 24(4):1-7.

Kothari, B., Takeda, J., 2000, "Same Language Subtitling for Literacy: Small Change for Collosal Gains": In *Information and communication Technology in Development*, Bhatnager, Subhash C. and Robert Schware (editors), pp. 176-186, New Delhi: Sage Publications.

Kothari B., Takeda J., Joshi A. & Pandey A., 2002, "Same Language Subtitling: A Butterfly for Literacy?" *International Journal of Lifelong Education*, 21(1): 55-56.

Kothari, B., 2000, "Same Language Subtitling on Indian Television: Harnessing the Power of Popular Culture for Literacy." In *Redeveloping Communication for Social Change. Theory, Practice and Power*, Karin Wilkins (editor), pp. 135-146, New York: Rowman & Littlefield.

Kruger J. L., Kruger H., Verhoef M. & Kotze H., 2001, "Subtitling in South Africa", *Executice Summary, for the Pan South African Language Board*.

Kruger, J. L. & Verhoef, M., 2002, Subtitled Popular Television as a Tool in Academic Proficiency Programmes, North West University, South Africa. (Unpublished).

Kruger, J. L., Kruger, H., Verhoef, M., Jako, A.K. & Fernandes, M. M. 2003, *Training Subtitlers in South Africa: The Needs of a Developing Country for the Pan South African Language Board*. Potchefstroom University for Christian Higher Education. Project report.

Kruger J. L., Kruger H., 2000, 2001, *Subtitling in South Africa. Pretoria: Pan South African Language Board*.

Law No. 96-06., 1996, Law enacting the 1996 Constitution of the Republic of Cameroon, National Assembly, Yaounde, Cameroon.

Law No. 83/013., 1990, Loi n°83/013 du 21 juillet relative à la protection des personnes handicapées, et son décret d'application n°90/1516 du 26 novembre 1990.

Law No. 96/379/PM. 1996, Le décret n° 96/379/PM du 14 juin1996 portant création du comité national pour la réadaptation et la réinsertion socio-économiques des personnes handicapées (CONRHA).

Markham P. & Peter L. 2003, "The Influence of English Language and Spanish Language Captions on Foreign Language Listening / Reading Comprehension". *Journal of Technology Systems*, 31(3):331-341.

Markham P. ,1993, "Captioned Television Video-Tapes: Effects of Visual Support on Second Language Comprehension". *Journal of Technology Systems*, 21(3):183-191.

Markham P. L., Peter L. A. and McCarthy T. J., 2001, The effects of Native Language vs. Target Language Captions on Foreign Language Students' DVD Video Comprehension. Foreign Language Annals, Vol.34 (5), pp. 439-445.

Price, L., 1983, "Closed-Captioned TV: An Untapped Resource". *MATSOL Newletter*, 12" (2).

Roffe, I., 1995, "Teaching, Learning and Assessment Strategies for Interlingual Subtitling". *Journal of Multilingual and Multicultural Development*, Vol. 16(3).

Rogner, B.M., 1992, "Adult Literacy: Captioned Videotapes and Word Recognition". Unpublished Thesis. The Cincinatti Union Institute, Cincinnati.

Spanos, G., & Smith, J., 1990, "Closed Captioned Television for Adult LEP Literacy Learners". *ERIC Digest*. Washington, DC: National Clearing House for ESL Literacy Education. (ED 321 623).

Vanderplank R., 1988, "The Value of Teletext Sub-titles in Language Learning". *ELT Journal*, 42(4): 272-281.

Vanderplank R., 1990, "Paying Attention to the Words: Practical and Theoretical Problems in Watching Television Programmes with Unilingual (CEEFAX) Sub-titles". *System*, 18(2): 221-234.

William, H. & Thorne, D., 2000, "The Value of Teletext Subtitling as a Medium for Language Learning". *System*, 28(2000), pp. 217-228.

# APPENDIX: A questionnaire for groups 1, 2, 3 and 4.

**Please fill out the following questionnaire by ticking or writing down the answer in the space provided.**

1. Your Name......................................UB No ..……...
2. Level...........Dept..............................................
3. Do you know what subtitles are? YES/NO...................
4. If YES, where can you find them?...............................
5. Where are they located?................................................
6. Do you like subtitles? YES/NO......Why?...............................
7. Do you think subtitles can help you with your studies? YES/NO...........Why?...........................................
8. Do you think subtitles can improve your language? YES/NO...........Why?........................................
9. Do you think subtitles can improve your understanding of certain courses? YES/NO......Why?..........................
10. Do you like the film shows you have been having this semester? YES/NO....................…...
11. If YES/NO, give your reasons...................................
12. Which films do you prefer, films **with subtitles**?.......OR **without**?......

    Why?............. ..................................................
    ..................................................................
13. Would you like film shows to be part of your school curricular? YES/NO....................…...
14. If YES/NO, give your reasons...................................
15. Do you think you can use films to study certain courses? YES/NO…....
16. Do you have any suggestions on this issue?..............................
    ..................................................................

17. You started watching these films last November 2006, this is February 2007, do you see any improvement in your school performance?

   YES/ NO.....................................................

18. If YES/NO, give your reasons.................................

   ....................................................................

19. Among all the films you have watched so far, which one is the best, according to you? (Give the film title or write a sentence to describe the film).......................................

   ....................................................................

20. If we were to start this exercise all over again, would you like to be part of it? YES/NO.........................................

21. If YES/NO, give your reasons.................................

   ....................................................................

22. What is your last comment on the whole of this exercise?

   ....................................................................

   ....................................................................

# 8
# A Case for Community Translational Communication from / into African Languages: Some Macro-Level Organisational and Management Concerns[1]

Charles B. Tiayon

## 1 Translational Communication and the National Language Issue

In Cameroon, as in almost every African country, the quest for languages which can serve as national or regional over and above the multiplicity of the so-called minority languages appears to be the primary objective of communication planning. In the process, translational communication, which is understood here to comprise both translation and interpretation, is misleadingly overshadowed or forced to play second roles. However, few of the language planning models so far proposed have been able to stand the test of African multilingualism and multiculturalism; nor have they succeeded in establishing a reasonable communication bridge between the official languages and the various non-official languages of the continent. A rare but significant exception can be seen in current post-apartheid South Africa where nine regional languages have been officialised, since 1994, alongside English and Afrikaans (see Kamwangamalu 2000, Beukes 2007). Apart from this exception, the various official languages throughout the continent (in most cases imported European languages) continue to be predominant in almost every aspect of formal communication, including of course, translational communication itself. The practice of professional translational communication between the official language(s) and the non-official languages is simply not thought of as a priority.

In point of fact, except for cases like Cameroon, Rwanda and South Africa where two or more official languages are used, high-level professional translational activities are scarcely organised to cater to purely intra-national communication needs. And even in situations where there is evidence of translation and interpreting from/into native African languages, the quality still leaves a lot to be desired (Beukes 2007). The "normal" languages for high-quality translational communication remain, as earlier mentioned, imported languages like English and French. In a good number of situations, relevant activities involving African languages are hardly even regarded as translational exercises; rather, they are invariably effected under such covert names as "African literary production", "traditional literature", "African linguistics", "cultural production", anthropology, etc. (cf. Simpson 1981: 53). Obviously, the quality of the practice under such conditions can hardly be guaranteed and the impact on real life communication can be disastrous.

## 2 Limitations of the Exclusive Use of (Imported) Official Languages

As a matter of evidence, the knowledge acquired through the various imported official languages across Africa is often shared by no more than tiny minorities of the population, comprising generally the elite and top-ranking decision makers. Even among those who express themselves in these languages, very few can be said to master anything beyond the very basics of language use. In fact, most speakers of imported European languages across the continent tend to be limited to structures which, to a large extent, result from poor cross-linguistic renderings which have been fossilised with time, under the heavy influence of "natural translations" (i.e. those which are made by bilingual individuals without any training in translation). This implies that very few speakers would actually have access to the complexities of language use in specialised and technical fields, including political, health, legal, economic and financial discourse. They would certainly feel more comfortable and confident if such matters were made available to them in the language they master best, notably, their native language.

Unfortunately, there seems to be rather few significant moves in this direction. Outward-looking translational activities have not been systematically followed by any inward-looking action which would help the local population to work towards an up-to-date development of their community. In a survey of technical and scientific translation, Simpson (1983: 160) summarises the situation as follows:

> "In Africa, not much of what is known elsewhere as scientific and technical translation is published. The few theses and academic material that manage to get published do not get to be translated in other languages from the European language in which they are invariably written. Nor do books of general interest written in Africa and published in different parts of the world make the sort of impact that results in the demand for translated version. The sort of scientific and technical material translated by Africans is done either at international conferences or at the commercial level for commerce and industry. There is evidence that they are facing this challenge successfully. Because of the need of fast technological development, a large number of conferences are organised in Africa dealing specifically with the problems of technological and scientific take-off: engineering, agriculture, medicine, law, economic, etc. Africans have had to translate in these fields between European languages with the exception of Swahili and Amharic."

This means most native African languages are simply ruled out of the professional translation business. Consequently, many speakers of the languages are simply left in the dark. However, at least from Simpson's remarks, there are indications that more and more questions are now being asked about the possibilities of an integrated approach to the macro-organisation of translational communication in Africa; an approach which will take both international and intra-national linguistic communication needs into account (see also Beukes 2007). Above all, this implies devising planning models which account for both official and non-official languages or both imported languages and local languages, with specific considerations for what has come to be termed community translation and interpretation (or community translational communication). Besides the fact that new jobs will be created in the process, the integrated approach will contribute immensely to the mutual enrichment of languages in (translational) contact, while improving on quality as well as equity in interpersonal and intercultural communication and, by the same token, on the quality of life (cf. section 4 below).

## 3 Contributions to Community Translational Communication

Community translational communication is generally identifiable through the two modes that constitute it: community translation and community interpreting. By essence, it is concerned with translation and interpretation activities that specifically take into account grassroots community languages – including sign language and Braille – and, most importantly, the real communication needs of users of such languages (cf. Tiayon 2005 for further details). It therefore contributes to empowering speakers of non-official languages to the same extent as those of the official languages, and empowering speakers of so-called minority languages, in the same manner as those of majority languages in any multilingual or/and diglossic setting.

At present, covert translations of Africa's oral literature into various European languages prove to be among the most productive fields of translational activity involving African languages across the continent. But most of the work done in this area does not seem to follow any specific pattern of organisation and quality standards.

The translation of biblical literature from European languages appears to be the one area where the use of African languages has been and still is the most consistent and programmed with some concern for quality. The contribution of European missionaries, as currently visible through the activities of SIL, has been crucial in this respect. Apart from promoting the understanding of the Bible through local language translations, SIL also contributes either directly or indirectly to the understanding and better appreciation of African languages, and to community development as well. The Institute thus helps not only in translating African folk tales and stories, but also in producing native language materials (also known as shell books) on health and hygiene, agriculture, etc. SIL works on a large number of languages across Africa and occasionally organises translation courses and workshops for those who are interested in translating from/into their native language (up-to-date information is available on www.sil.org/Africa/cameroun/ home/ silcameroon). The courses generally dwell on subjects such as the translation of ideas unknown to a given culture, the translation of specific biblical terms and grammatical analysis. Each participant also has the opportunity to try out newly-learned translation techniques under the supervision of an experienced translator.

Apart from SIL, there are also associations, NGOs and research centres which, in a way, contribute to satisfying the need for translated material in African languages. Examples include: the Cameroon Association for Bible Translation and Literacy (CABTAL), the National Association of Language Committees (NACALCO, best known by its French acronym ANACLAC), the Project of Operational Research for the Teaching of Languages in Cameroon (PROPELCA) and the Regional Centre for Research and Documentation on Oral Traditions and the Development of African Languages (CERDOTOLA), all based in Yaounde, Cameroon; the National Swahili Council (Bakita) in Tanzania; IFAN (Institut Fondamental d'Afrique Noire) in Dakar, Senegal; the Institut de Recherches Appliquées in Abidjan, Côte d'Ivoire; the Nigeria Language Centre and the Nigeria Educational Research Centre in Lagos, Nigeria.

It should be noted that, on the whole and perhaps with the exception of CABTAL, translational communication is not the main goal of these institutions; consequently, their missions may not always allow for enough time to look into the details of the relevant organisational requirements and implications at both micro- and macro-levels. In other words, there is need for fully-dedicated institutions like the ones exemplified in the following two sections.

## 4 Examples of Community-Oriented Practice in Multilingual Settings

Community translation and community interpreting have developed more and more rapidly since the 1970s, with Australia serving as a leading example. There, although English is indisputably the federating national language, community translational communication is designed to take into account the 350 grassroots languages or 'community languages' of the country and, thus, integrate the needs of non-English speaking Australians. Community languages of Australia include far more than those with important groups of speakers such a Croatian, Greek, Italian, Turkish, Vietnamese (Brandle 1984); they also comprise languages with much smaller numbers of speakers. On the face of it, the need for translating and interpreting from and into such community languages is taken very seriously; the creation in 1977 of the National Accreditation Authority for Translators and Interpreters (NAATI), with the overall objective to cross "the language barrier", is therefore to be seen as a logical development (Brandle 1984). Along the same lines, a proposed Migrant Service and Programme was accepted by the Australian government, with the programme strongly endorsing the work of NAATI, and both bodies contributing ultimately to the same objectives: the recognition of linguistic and cultural diversity, the promotion of national cohesion, cultural identity, equal opportunities, equal responsibility and commitment (*ibid*). The activities of NAATI are arguably an example of successful multilingualism. Since its inception, the institution organises special training courses in translational activities combining minority languages and the national language (English). In order to ensure quality, NAATI also organises special tests, which lead to the "accreditation" and "recognition" of community interpreters (and nothing actually stops the accreditation of community translators from following the same process). As a result, NAATI accreditation is awarded to various candidates, including those working in the area of sign language translational communication. Similarly, in matters of training and certification, Brandle (1984: 217) notes as follows:

> "A [...] number of certificates were mailed to qualified Aboriginal people who have successfully completed interpreter/translator courses at two specialist training and research centres in the Northern Territory, a vast open land where the majority of speakers of Aboriginal languages are living. The introduction of the Romanised writing system for Aboriginal languages, bilingual education and now the availability of NAATI accredited courses in interpreting and translating enhance Aboriginal self-esteem and improve access to services and provide a new occupation for a few."

It is obvious that such activities and services are not just meant for providing new jobs. As Brandle (1984.) rightly reports, community translational communication services can be used for different purposes. They assist in fostering the integrated building of a society which is both diverse and equitable. They assist individuals in all areas where, as human beings, citizens can legitimately claim a right: health care, political, economic, and financial welfare, governance, education, religion, employment, the law, etc.. At any rate, community translational communication services are expected to foster common social and national aspirations as well as individual rights (cf. Tiayon 2005).

Other areas where community translation and interpreting services are commonly needed include information technology and all its applications, including internet as well as mobile and wi-fi communication networks, the media, specifically radio, television and cinema. Major activities in this respect would include localisation, voice-over, dubbing, subtitling from and into African languages. On the whole, quality community translation and interpreting services would play, as earlier hypothesised, a unique role in fostering effective intra-national communication, empowering the citizens at all levels of development and, by the same token, reinforcing national feeling over and above all basic linguistic and cultural differences. In this regard, the Australian model is worth emulating by African planners, seeing that the number of official languages throughout the continent hardly exceeds twenty; meanwhile, the indigenous non-official languages of Africa are estimated at about two thousand (Grimes 2000).

## 5 Community Translation/Interpreting and the Illusion of Societal "Monolingualism"

Since 1986, a Community Interpreting Project (CIP) has been running in England, under the auspices of the Institute of Linguists (undoubtedly the most respected organisation of professional translators and interpreters in Britain today), and with the financial support of the Nuffield Foundation. Although CIP is mainly interested in interpreting, its experience is worth sharing. Actually, there is argument that the experience may as well be extended to cover translation, when and where necessary and possible. In other words, the CIP example could very well be relevant to the planning of translational communication in Africa. As Scouller (1988: 66), a CIP official, reports:

> "The need for community interpreting services is illustrated by the experience of numerous members of ethnic communities within British society, who in their contacts with officialdom at various levels have come up against a blank wall of incomprehension because they are unable to express themselves adequately in English. These people may be members of well-established communities, such as the Italian population in Peterborough, or the Chinese community in the West End of London. In spite of having lived in the United Kingdom for a number of years, many of them, especially in the older generation, have found it difficult or even impossible to learn English. Others may be recent arrivals, from Bangladesh for example, or Vietnam, who have not yet had the opportunity to acquire a sufficient mastery of he host language."

The characteristics of the communities mentioned by Scouller would be, in many ways, similar for example to those of the growing Chinese population as well as thousands of migrants throughout the African continent. The need of such groups are comparable to some extent to those of the increasing Spanish-speaking people from Equatorial Guinea in the South West Cameroon city of Buea, the long-standing influx of Swahili speakers into such countries as Rwanda and Burundi, or that of Burundians and Rwandans into Uganda, the Democratic Republic of Congo and Tanzania, etc.

It would be observed that since 1986, in matters of training, the British-based CIP has organised many community interpreting courses. Within this framework, students have been trained and assessed in principally three fields:

- one, the legal system, for those who are expected to work for the lower courts, the people and the probation service;
- two, social services, targeted towards local government services, education, welfare, etc.; and

- three, health services, intended for hospital and paramedical use.

Candidates for training are admitted after having passed a test of proficiency in their community language and English; the training itself comprises three main subjects: the first, i.e. "language enhancement", intended to improve the students' knowledge of their languages, and introduce them to the language register related to their field of specialisation; the second, "agency knowledge" is meant to familiarise the trainees with the institution or institutions to which their work is directly related; and finally, "interpreting skills": students are trained to know how, where and when to use consecutive and whispered simultaneous modes of interpreting; training is mainly done through role play, and does not involve the use of sound equipment, etc. as these are not generally necessary for community work. Other training areas include note-taking and the ethics of interpreting in a community environment. Trainees may also be awarded a certificate, if they are successful in the certificate examination.

## 6 Final Remarks and Prospects

The foregoing paragraphs have shown that community translational communication is alive and well organised today, even in the so-called "monolingual" countries. Although there might be assumptions to the contrary, it should be evident at this juncture that regardless of whether it is officially 'monolingual' or multilingual, any society in the modern, globalised, world cannot do without appropriate integration of translation and interpretation into its development plans. It should also be obvious why the present paper would prefer to use the word *monolingual(ism)* (and by implication *monocultural(ism)*) exclusively in quotes. With the example of community translational training and practice in England, it is obvious that the world is now living the translational communication age. So much so, that the widespread recourse to 'world languages' such as English and French notwithstanding, professional translation/interpretation is and will always be the best means of ensuring efficiency in passing messages across different speech communities.

Besides, from a macro-linguistic and macro-cultural viewpoint, there is evidence of a Babel Complex (cf. Tiayon 2003: 223) or Babel Paradox which indicates that the tendency to seek (linguistic) unity or convergence where diversity or difference occurs is just as natural as the tendency to affirm difference where there is linguistic unity or convergence. Ultimately, difference is to convergence what one side of a coin is to the other. And translational communication is probably the discipline whose function is precisely to negotiate across the two sides of the same coin without attempting to undermine any: it feeds on difference and yet is essentially geared towards ensuring mutual understanding across differences.

In an increasingly globalised world which proves beyond doubt to be stubbornly characterised by claims for group identity difference over and above trends of convergence, any reasonable communication planning within the African framework needs to take the foregoing evidence into account. In the main, there are three possible levels of action in the area of community translational communication here: translation and interpreting from imported languages into native African languages, from native African languages into imported languages, and between native African languages where the need arises. In any case, particular attention will need to be given to quality assurance, professional training, testing, certification and accreditation. Only properly organised and managed activities at these three levels will guarantee effective and efficient communication with and among native (grassroots) communities of Africa in any of the languages in contact. To this end, translators and interpreters associations, translator and interpreter training institutions and translators and interpreters themselves will play a decisive role.

There is reason to hope for a better future, with some interesting actions already noticeable: the African Academy of Languages (ACALAN) of the African Union, with its planned Pan-African Centre for Documentation, Interpreting and Translation, to be based in Bamako, Mali (Alexander 2007); and the ever-increasing number of associations and training institutions across the continent, where growing interest in quality translation and interpretation from/into indigenous languages is definitely foreseeable, at least in the long term. It will thus become possible to realise that efficient translation and interpretation from/into native community languages constitutes a true gold mine, notably as concerns the following:

- contribution to the empowerment of all citizens in view of the achievement of local development goals in such crucial areas as education, governance, health, information, religion, science and technology, the law, the media, etc.;
- contribution to a universal theory of translation and interpretation, especially with regard to orality which most Western countries and theories have tended to neglect in favour of writing;
- contribution to genuine language co-development, language education and language research in multilingual settings; and above all,
- contribution to intercultural communication and understanding, a true asset for the construction of lasting peace in the world.

## Note

1. Sincere gratitude to Professor Emmanuel Chia and Dr Suh of ASTI, University of Buea, who read the draft of this paper and made very useful suggestions.

## References

Alexander, Neville, 2007, "Why a Pan-African Translation Project?" In *Translatio –FIT Newsletter*, No. 1-2.

Beukes, Anne-Marie, 2007, "Translating and Interpreting in South Africa: Giving Concrete Effect to Official Multilingualism". In *Translatio – FIT Newsletter*, No. 1-2.

Brandle, Maximillian, 1984, "Testing Interpreters and translators in a Multilingual Society". In Wilss, Wolfram and Thome, Gisela (eds) *Translation Theory and its Implementation in the Teaching of Translating and Interpreting*. Tübingen: Günter Narr Verlag.

Grimes, B. F. (ed.), 2000, *Ethnologue: Languages of the World*. Dallas/Texas: Summer Institute of Linguistics.

Kamwangamalu, Nkonko M., 2000, "Language Policy and Mother-Tongue Education in South Africa: The Case for a Market-Oriented Approach". In *Georgetown University Round Table on Languages and Linguistics* 2000.

Scouller, Alastair M., 1988, "The Training of Community Interpreters". In Picken, Catriona (ed.) *ITI Conference 1: The Business of Translating and Interpreting*. London: ASLIB.

Simpson, Ekundayo, 1981, "The West African Translator Today and Tomorrow". In Kopczynski, Andrzej *et al.* (eds) *The Mission of the Translator Today and Tomorrow: Proceedings of the IXth World Congress of the International Federation of Translators*. Warsaw: Polska Agencja Interpress.

Simpson, Ekundayo, 1983, "Technical and Scientific Translation and Translators in Africa". In Picken, Catriona (ed.) *The Translator's Handbook*. London: ASLIB.

Tiayon, Charles, 2003, "Translational Planning and Shared Governance in Africa". In MINESUP 2003, *Shared Governance: Combating Poverty and Exclusion*. Yaounde: Cameroon University Press.

---2005, "Community Interpreting: an African Perspective". In *Hermeneus* No. 7.

www.sil.org/Africa/cameroun/home/silcameroon.

# 9
## Les conditions socio-historiques et juridiques de l'exercice de la profession de traducteur / interprète dans la fonction publique camerounaise : Problèmes et perspectives

### Dieudonné P. Aroga Bessong

## Problématique

La crise économique qui a frappé durement le Cameroun est venue exacerber, au sein du corps des traducteurs et traducteurs / interprètes dans la fonction publique camerounaise, une situation de pourrissement qu'une certaine prospérité générale contribuait à occulter. Ainsi assiste-t-on depuis peu à une hémorragie des cadres les plus compétents et expérimentes de la direction des services linguistiques, partis chercher un mieux sous des cieux plus cléments. Il faut dire que la libération et la démocratisation de la vie nationale ont contribué à accentuer cette balance.

La rareté des nominations à des postes de responsabilité, aussi bien au sein de cette direction où l'on assiste à un plafonnement des responsables, qu'au sein même du Secrétariat général de la Présidence de la République dont elle relève, ou dans d'autres institutions étatiques, contribue à accentuer ce malaise. En effet, nombre de traducteurs et traducteurs / interprètes chevronnés, du fait de leur présence au Secrétariat général de la Présidence, pépinières s'il en fut de hauts responsables du pays, ont vu défiler à longueur d'années de jeunes cadres venus d'autres champs de compétences acquérir les ficelles du métier et repartir sur une trajectoire ascensionnelle souvent rapide, alors que ces traducteurs et traducteurs / interprètes avaient l'impression d'user leurs fonds de culottes dans un superbe oubli au sein de cette fabrique de hauts cadres.

## Hypothèse

Comment expliquer cette situation et le malaise qui en est résulté et dont on voit aujourd'hui les conséquences dans ces départs accélérés ? La spécificité du corps des traducteurs et traducteurs / interprètes, tant dans sa définition statutaire que dans sa mise en place effective au sein de la fonction publique du Cameroun, les circonstances historiques de son expansion, certains aspects psychologiques liés à l'exercice de la profession de traducteur ou traducteur / interprète ainsi qu'une certaine négligence de la part de la hiérarchie semblent être à l'origine de cette désaffection.

## Méthodologie

Pour tenter d'expliciter cette hypothèse, une approche socio-historique et juridique sera adoptée. On s'efforcera de donner un aperçu historique du développement de la profession de traducteur / interprète au sein de la fonction publique camerounaise, en précisant les circonstances sociopolitiques de son évolution. Puis une analyse comparative de la situation juridique de cette profession par rapport à d'autres corps de la fonction publique camerounaise sera effectuée, dans le but d'y déceler des indices pouvant justifier l'attitude des autorités envers ce corps, et par ricochet la grande insatisfaction déjà relevée. Des propositions réalistes seront enfin faites, pour permettre de régler le malaise identifié.

## Perspective historique

> « D'abord et toujours un art, la traduction, dont on peut faire remonter les origines à la babélisation du monde, est devenue, après des siècles où elle s'est exercée surtout dans les milieux ecclésiastiques puis, beaucoup plus tard, dans le domaine littéraire, une profession libérale qui, sans renier ses lettres de noblesse, est maintenant de plus en plus au service de l'administration. » (Fillion 1984 : 340).

Sans être passée par toutes ces étapes, notamment celle littéraire ou de profession libérale, la traduction au Cameroun s'est vite mise au service de l'administration. Le cadre politico juridique de fédération que devait adopter les Camerounais dans leur Constitution dès 1961 ne pouvait qu'aboutir à cela.

## Le bureau linguistique

Parmi les tout premiers à servir l'Etat camerounais en qualité de traducteur / interprète figure l'illustre Bemard Fonlon.

> « After an abortive bid for the Catholic priesthood, he proceeded to the National University of Ireland where he earned a Ph. D. in Comparative Literature. He also studied at Oxford and the Sorbonne. He returned to Cameroon at the dawn of independence. It was partially because of his fascination and exceptional mastery of language that the former president, Ahmadou Ahidjo made him his personal interpreter. » (Atangana Nama, 1990: 367).

On est probablement à la fin de 1961, année pendant laquelle fut proclamée, le 1er octobre, la réunification des Cameroun méridional (anglais) et oriental (français). Avant cette date, Fonlon ne pouvait assumer cette fonction, du fait de son appartenance au Nigéria, pays différent de celui d'Ahidjo. A croire l'actuel directeur des services linguistiques, il s'agissait à l'époque d'un simple bureau de traduction, mais dont le titulaire assumait les fonctions de chargé de mission auprès du cabinet civil en sa qualité d'interprète personnel du Chef d'Etat. Il n'était d'ailleurs pas rare à l'époque qu'un bureau ou un service de la Présidence relève d'un chargé de mission.

Cette situation, transitoire, il faut le croire, fut changée par décret n° 62-DF-l du 1er janvier 1962 portant organisation de la Présidence de la République Fédérale. Tout en maintenant le bureau linguistique, ce décret le place désormais sous l'autorité du chef de la division administrative. Ce bureau est chargé

> « d'établir les textes dans les deux langues officielles de la République Fédérale, et aussi d'exécuter tout travaux de traduction et d'interprétation qui pourront lui être demandés par les services de la Présidence ou les services des ministères et de l'Assemblée nationale fédérale. »

## Le service linguistique

Avec l'arrivée de professionnels expatriés, le bureau devint un service de traduction par décret n° 65-DF-249 du 12 juin 1965 portant organisation de la Présidence de la République. Il assurait alors la traduction dans les deux langues officielles des textes à paraître dans le journal officiel, des documents de la Présidence de la République, des documents transmis par les ministres fédéraux, ainsi que l'interprétation des commissions, conférences et réunions à l'échelle fédérale. On note ici la disparition des services rendus à l'Assemblée nationale, probablement en raison de la création d'un bureau de traduction autonome en son sein.

Le service de traduction demeura pratiquement une structure monolithique dirigée par un chef de service des 1967. Il fut restructuré dans le décret n°72/282 du 8 juin 1972 et doté de quatre bureaux : enregistrement et documentation, traduction de la langue anglaise, traduction de la langue française, et pool dactylographique. Il compte alors six postes de responsabilité. Trois ans plus tard, le chef de ce service et son adjoint ont respectivement rang de directeur et directeur adjoint de l'administration centrale, alors que les bureaux restent 1es mêmes.

## La direction des services linguistiques (DSL)

Puis, avec la mise en œuvre des objectifs du IVème plan quinquennal prévoyant la formation progressive de cadres nationaux compétents, la structure est érigée par décret n° 80/281 du 23 juillet 1980 en direction des services linguistiques, chargé d'assurer la traduction et l'interprétation d'œuvres à elle confiées par la Présidence, d'autres organismes publics et parapublics. On note ici un certain élargissement des attributions de ce service à un nouveau type de structure : les organismes parapublics.

A l'époque, la direction se composait de trois services : langue française, langue anglaise, documentation et terminologie, d'un bureau de l'enregistrement et d'un pool dactylographique. Les services étant dirigés chacun par un chef, éventuellement assisté d'un adjoint, et comportant chacun deux bureaux, le total des postes de responsabilité, y compris le directeur du service et son adjoint, fut ainsi porté à 16.

Dix ans plus tard, avec la dotation progressive des ministères de services de traduction possédant un personnel professionnel compétent, elle fut réorganisée, avec l'adjonction d'un service de normalisation et de l'encadrement. En 1992, cette direction se voit ajouter un service des langues étrangères, entendez non camerounaise (allemand, espagnol, etc.) dont la structure est similaire à celle des autres services. Soit au total un ajout de huit postes de responsabilité. En 1990, elle comptait 58 professionnels, en quasi totalité des nationaux, dont 15 traducteurs / interprètes et 43 traducteurs.

La mise en place du Centre universitaire de Buea et l'ouverture en son sein de l'Ecole supérieure de traducteurs et interprètes en octobre 1985 marque le début d'une ère nouvelle : celle de la formation locale des professionnels dans ces domaines. Fortement impliquée dans cette mise en place, la direction des services linguistiques, dont plusieurs des cadres chevronnés seront temporairement ou définitivement affectés dans cette institution, contribuera, en outre à la formation des étudiants par l'organisation de stages pratiques. C'est aussi elle qui assurera l'affectation des finissants, dès 1988, dans les différents ministères, et leur prise en charge initiale au plan financier. Jusqu'en juin 1995, 141 finissants de cet établissement avaient ainsi été placés dans différents services publics.

## Autres services de traduction

Dès 1988 seront prévus dans les organigrammes de différents ministères des structures de traduction. Mais l'harmonie ne sera pas de mise en l'espèce. A titre d'exemple, en 1988 le ministère des Travaux publics ne prévoit, à son service du courrier et de la traduction, qu'un bureau de la traduction, devant assurer « tous les travaux de traduction du département. » La même année à l'Enseignement Supérieur, l'Informatique et la Recherche Scientifique est créé un service de traduction doté de deux bureaux et chargé de la traduction courante. En 1992, au Ministère du Développement Industriel et Commercial est créé un service devant assurer la traduction des documents officiels et, au besoin, la fourniture des services d'interprétation à la demande de ce ministère. Cette formule semble la plus répandue.

Au Ministère de l'Agriculture, les missions du service de traduction et d'interprétation créé en 1994 seront plus complexes et incluront : l'animation linguistique et la promotion du bilinguisme, la traduction de texte et documents à caractère officiel, de toute décision, correspondance, note de service, d'information, discours, ainsi que la couverture de toutes sortes de réunions à l'échelle nationale et internationale.

Pour sa part, la réorganisation du Ministère de l'Economie et des Finances en 1995 donne lieu à la création d'une cellule de traduction dont le responsable a rang de sous-directeur de l'administration centrale. Elle assure la traduction courante pour le compte de ce ministère, et comprend deux pools de traduction dans les deux langues officielles, animés par des chargés d'études assistants ayant rang de chef de service de l'administration centrale. Cette option tend à se renforcer.

Ces efforts visant à améliorer l'accueil des finissants de l'Ecole supérieure de traducteurs et interprètes, soulèvent d'autres problèmes dus au déséquilibre entre les différentes structures proposées : aucun bureau n'était prévu au Ministère du Développement Industriel et Commercial, alors que le Ministère de l'Agriculture en comptait trois. Au Ministère de l'Economie et des Finances on prévoyait plutôt des postes de chargés d'études assistants, plus importants au plan hiérarchique. Cette évolution au plan historique marque une prise de conscience croissante de l'inconfortable situation des traducteurs et traducteurs / interprètes et des tentatives convenables de l'améliorer.

Le retour à la démocratie pluraliste en 1990 amène un changement structurel au niveau de l'organisation du gouvernement, avec l'institution d'un poste de Premier Ministre, Chef du Gouvernement. En attendant l'organisation propre de cette structure, le premier titulaire de ce poste utilisera quelques temps les services de la Présidence de la République, y compris la direction des services linguistiques. Lorsque la structure est organisée par décret n° 92/88 du 4 mai 1992, une direction de la traduction et de l'interprétation (DTI) est prévue en son sein, sur le modèle de la DSL des années 1980. Elle est chargée de la traduction courante et de l'interprétation des travaux à elle assignés par les services du Premier Ministre et les services rattaches.

En 1991, la DSL entreprend la formation doctorale de cadres de haut niveau dans divers domaines d'intérêt pour ses fonctions. A croire un des proches collaborateurs du directeur des services linguistiques de par ses fonctions, la mise en place de cette formation visait à disposer de spécialistes capables de permettre au service de normalisation et d'encadrement d'assurer avec efficacité ses éventuelles interventions dans les ministères pour aider les traducteurs en place a résoudre des difficultés techniques importantes auxquelles ils pourraient être confrontés. Mais comment assurer l'intervention sans heurt de subalternes auprès de supérieurs hiérarchiques ?

Comme on le voit, on est bien loin du simple bureau de traducteur du début. Le personnel national, y compris les cadres formés a l'Ecole supérieure de traducteurs et interprètes, a connu une croissance remarquable. En 1996, la DSL comptait 70 professionnels, les autres services en regroupaient 160. Des efforts ont été faits pour essayer de trouver un cadre d'épanouissement du personnel, conforme à la conception de l'administration locale, comme en témoigne la croissance des postes de responsabilité. Mais ils n'ont pas manqué de favoriser des dysfonctionnements, en particulier au niveau des ministères, comme nous l'avons souligné. Les insuffisances se limiteraient-elles a celles-là ? D'autres précisions sur les aspects juridiques de cet effort permettront d'apporter des éclairements.

## Aspects juridiques

Aux fins de discussion et analyse, il n'est pas inutile de définir ici différentes notions qui seront utilisées par la suite. Nous renvoyons aux dispositions des articles 8 à 10 du premier *Statut général de la Fonction Publique* du Cameroun. Il faut en retenir ce qui suit :

> « Art. 10- 1° Les fonctionnaires sont classés en catégories correspondant à leur niveau de recrutement
> 2° Il existe quatre catégories désignées dans l'ordre hiérarchique décroissant par les lettres A, B, C et D.
> Les emplois de la catégorie A correspondent aux fonctions de direction, de conception ou de contrôle. »

## Le corps des traducteurs et traducteurs/interprètes

Le décret n° 75/770 portant statut particulier du corps des fonctionnaires des services de traduction et d'interprétation prévoit deux cadres a ce corps, celui des traducteurs et celui des traducteurs / interprètes. Chacun d'eux comporte deux grades présentés ici par leur ordre d'importance : celui de traducteur / interprète principal ou de traducteur principal (le deuxième grade) et celui de traducteur / interprète ou de traducteur (le premier grade).

Trois possibilités de recrutement sont prévues : sur titre, par voie de concours professionnel, enfin par voie d'avancement de grade qu choix. Le recrutement sur titre nécessite, pour les traducteurs principaux, un diplôme de licence d'enseignement supérieur, ainsi qu'un diplôme en traduction d'une école nationale ou d'une institution étrangère ou internationale reconnue. Pour les traducteurs / interprètes principaux s'y ajoute un diplôme en interprétation obtenu d'une école nationale ou d'une institution étrangère ou internationale reconnue. Cette option de recrutement est prévue pour 70% du personnel dans chacun des deux cadres.

Le concours professionnel est ouvert, pour le grade de traducteur principal, aux traducteurs âgés de 45 ans au plus, jouissant d'une ancienneté minimale de 5 ans de service à ce grade ; pour le grade de traducteur / interprète principal, aux traducteurs / interprètes remplissant les mêmes conditions a leur grade. Cette procédure est prévue pour 20% du personnel dans chacun des deux cadres.

L'avancement de grade au choix est offert, pour le grade de traducteur principal, aux traducteurs âgés de 45 ans au plus, jouissant d'une ancienneté minimale de 10 ans de service à ce grade, qui n'ont jamais bénéficié d'un avancement au choix ; pour le grade de traducteur / interprète principal, aux traducteurs / interprètes remplissant les mêmes conditions à leur grade. Cette option concerne 10% du personnel dans chacun des deux cadres.

De ces trois modes de recrutement, seul le premier a, à ce jour, prévalu. Certains traducteurs / interprètes ou traducteurs non diplômés d'une école nationale ou d'une institution étrangère ou internationale reconnue exercent bien leur métier dans les services publics camerounais, mais a titre de contractuels d'administration. L'absence de personnels recrutés au premier grade n'a donc pas permis de mettre en œuvre les deux autres modes de recrutement.

Les candidats recrutés sur titre sont nommes titulaires, s'agissant des traducteurs principaux, au deuxième grade, premier échelon, en ce qui concerne les traducteurs / interprètes principaux, au deuxième grade, deuxième échelon, aux fins d'établissement de leur rémunération. La supériorité du traducteur / interprète principal sur le traducteur principal, que laissait déjà entrevoir l'exigence d'un diplôme supplémentaire au moment de leur recrutement, est ici reflétée au niveau de l'échelonnement indiciaire. Les personnes ayant bénéficié des autres modes de recrutement accèdent à leur nouveau grade au premier échelon, sauf reclassement dû à un échelonnement plus favorable déjà acquis au grade antérieur.

## Autres corps de la fonction publique

L'année 1975 est celle de l'organisation des différents corps de la Fonction Publique, principal employeur à l'époque des diplômés de l'enseignement supérieur, par 23 textes[1] fixant notamment les conditions d'accès et d'avancement dans ces corps. Les 23 corps issus de l'organisation de la Fonction Publique découlant des dispositions du *Statut de la Fonction Publique* du Cameroun peuvent être regroupés en quatre ensembles, respectivement selon leur nature, les conditions de recrutement en leur sein à la catégorie A, deuxième grade, et l'absence dune telle catégorie.

Tout d'abord il y a la majorité de la douzaine de corps constitués des différents métiers d'ingénieurs. En deuxième lieu, on trouve les corps pour lesquels l'accès à la catégorie A, deuxième grade, nécessite un doctorat ou un diplôme équivalent : il y en a six, auxquels s'ajoutent les cadres des médecins, des journalistes principaux, certains pharmaciens, chirurgiens dentistes et inspecteurs principaux des affaires sociales, et, par assimilation, le personnel du génie sanitaire.

En troisième lieu, les corps n'offrant pas l'accès à la catégorie A, deuxième grade. On en distingue deux. Les fonctionnaires des greffes, et ceux d'active des douanes, auxquels s'ajoute le cadre des cinéastes, qui relèvent de l'information. En quatrième lieu figurent les corps restants, parmi lesquels les traducteurs / interprètes. Dans l'analyse, le troisième ensemble sera ignoré puisqu'il ne présente pas de cadre de la catégorie A, deuxième grade.

| Tableau 1 : Comparaison de certains corps représentatifs de la Fonction Publique camerounaise ||||||
|---|---|---|---|---|---|
| Corps | Cadres | | Conditions de recrutement | Nature fonction | % du cadre |
| Jeunesse et sports ou animation | Inspecteur ppal de jeun/sports | Néant | Diplôme d'inspec. J-S ou doctorat sc. De l'Education | + | 30% |
| | Conseiller ppal de jeun/sports | B, C et D | Diplôme de Conseiller de la jeun. et animation | + | 30% |
| Santé publique et Affaires sociales | Médecins | Néant | Diplôme fin secondaire et doctorat en médecine | + | 100% |
| | Chirurgien dentiste | Néant | Diplôme fin secondaire et diplôme de chir. dentiste | + | 100% |
| | Inspecteur ppal Affaires | B et C | Licence et diplôme d'inspect. ppal | + | 30% |
| Traducteurs et trad/ interprète | Traduct. ppal Trad./int. ppal | Néant | Licence e diplôme traduc. Ci-dessus + dipl. traduct./interp. | - | 70% |
| Exploitation des P et T | Inspecteur ppal d'expl. Télécom | B, C et D | Diplôme d'inspect. des télécom. | + | 20% |
| Mines et geologie (MG) | Ingénieur MG Ing. ppal trav MG | B, C et D | Diplôme d'ingénieur des mines | + | 100% 20% |
| Genie civil (GC) | Architecte Ingénieur GC | B, C et D | Diplôme d'ingénieur de génie civil | + | 100% |
| Administration générale | Administrateur civil principal | B, C et D | Doctorat d'Etat et cycle A de l'ENAM | + | 3/10e de 10% |

## Les traducteurs et traducteurs /interprètes et d'autres corps

Le tableau 1 ci-dessus appelle des observations relatives à l'existence ou non d'autres catégories dans le corps, aux conditions de recrutement, à la nature des fonctions ouvertes aux membres du corps, enfin au pourcentage du personnel du grade par rapport au cadre d'une part, et à l'ensemble du corps et assimilés d'autre part.

S'agissant de l'existence ou non d'autres catégories dans le corps, seul celui des traducteurs et traducteurs / interprètes n'en a pas. En réalité, les données du tableau pourraient prêter à confusion, car les inspecteurs principaux de la jeunesse et des sports, les médecins et les chirurgiens dentistes ainsi que les ensembles qu'ils représentent, s'ils constituent 100% de leur cadre, sont loin de constituer la majorité dans leur corps. En effet, ils disposent bien de personnels auxiliaires regroupés dans d'autres cadres. A titre d'exemple, pour les inspecteurs principaux de la jeunesse et des sports, ceux-ci font partie du cadre des fonctionnaires de l'éducation physique, et de la jeunesse et animation. S'agissant des médecins et des chirurgiens dentistes, les leurs se retrouvent dans les cadres des infirmiers et parmi les fonctionnaires du génie sanitaire notamment.

En ce qui concerne les conditions de recrutement, les traducteurs et traducteurs / interprètes font partie des rares cadres dont l'intégration à la catégorie A, deuxième grade, nécessite l'obtention expresse d'un minimum de deux diplômes universitaires. Seuls les inspecteurs principaux des affaires sociales partagent avec eux ce privilège. Mais on sait qu'ils ne constituent que 30% de ce cadre, alors que les traducteurs principaux et traducteurs / interprètes principaux forment la totalité de leur corps. C'est donc le seul corps qui soit astreint à cette double exigence.

Quant à la nature des fonctions ouvertes aux membres du corps, seuls les traducteurs et traducteurs / interprètes se voient expressément refuser une disposition prévue au *Statut général de la fonction publique* pour les cadres de la catégorie A, dont les emplois « correspondent aux fonctions de direction, de conception ou de contrôle. » En effet, le statut particulier du corps des traducteurs et traducteurs / interprètes les cantonne à la traduction et l'interprétation des documents officiels. Leur définition statutaire s'en trouve marquée au coin du particulier, du spécifique.

S'agissant enfin du pourcentage du personnel du grade par rapport au cadre d'une part, et à l'ensemble du corps de l'autre, on prévoyait 70% du personnel au deuxième grade et 30% au premier grade dans le statut particulier du corps des traducteurs et traducteurs / interprètes. Dans les faits, seuls les cadres du deuxième grade exercent leurs métiers aux termes de ce statut dans nos services publics, contrairement aux dispositions de l'article 9(2) suscité du *Statut général de la Fonction Publique*. Ils constituent, par conséquent, les seuls agents de cette catégorie à former tout un corps. Cela contribue à consolider la spécificité de ce corps.

Ces quatre exceptions contribuent à singulariser le corps du personnel à la fonction publique au premier échelon, sauf lorsqu'on est titulaire d'un diplôme spécialise (alors, on bénéficie d'une bonification d'échelon), ou lorsqu'on est titulaire d'un doctorat (alors, on y accède au troisième échelon). Dans le cas particulier des médecins et des chirurgiens dentistes, une modulation des échelons d'intégration est prévue, en fonction du nombre d'années de spécialisation pour les médecins, et du type de diplôme (simple diplôme, doctorat d'université ou doctorat d'Etat) pour les chirurgiens dentistes (voir tableau 1 pour les échelons).

L'observation des pourcentages que présente le personnel de la catégorie A, deuxième grade, pour un corps donne, porte à conclure qu'elle est la meilleure manifestation de l'élitisme au sein de la fonction publique camerounaise. La confusion à laquelle prêtent les données du tableau 1, et que nous croyons avoir élucidé plus haut, ne devrait pas occulter cette réalité. Répétons, les inspecteurs principaux de la jeunesse et des sports, les médecins et les chirurgiens dentistes qui constituent 100% de leur cadre représenteraient une proportion nettement moins importante s'il faut tenir compte, pour ces deux derniers par exemple, de l'ensemble du corps des fonctionnaires de la santé publique et des affaires sociales. La catégorie la plus élitiste parait être celle des administrateurs civils principaux (voir tableau 1).

Certes, la comparaison des textes permet de noter un grand effort de généralisation, sans nécessairement sacrifier les particularités liées à la formation professionnelle. Cependant, on note un certain déséquilibre au détriment de secteurs d'activités relevant généralement des professionnels dites libérales. Tel est le cas pour la traduction et l'interprétation, qui apparaissent singu-lièrement à part, comme on l'a vu.

## La question de nomination

Dans la fonction publique camerounaise, la nomination à un poste de responsabilité ouvre la voie à des avantages de toutes sortes. Au plan matériel une indemnité de sujétion et une de représentation sont versées aux bénéficiaires. Au plan social, s'y attache une certaine reconnaissance, notamment par l'accès aux cérémonies officielles et autres manifestations sociales d'accès réservé. Elle ouvre un réseau de contacts au niveau administratif, sans compter la possibilité, dans certains cas, d'orienter les actions des décideurs, et a un niveau supérieur, de se constituer un cercle de relais ; la liste est loin d'être exhaustive.

La majorité des corps de la fonction publique, disposent de nombreuses possibilités de promotion à des postes de responsabilité de leurs hauts cadres, aux niveaux central (national = ministères), provincial, départemental, voire dans les arrondissements, qui constituent autant de niveaux de décision. Tel n'est pas le cas pour le corps du personnel des services de traduction et d'interprétation.

## Mesures en faveur de la DSL

Les pouvoirs publics ont-ils perçu le malaise ? L'augmentation des postes de responsabilité a déjà été notée. Mais dès 1976, dans un effort d'amélioration de la situation des professionnels de la traduction et de l'interprétation, il était créé par décret n° 76-252 du 25 juin 1976 « une prime pour travaux spéciaux en faveur des traducteurs en service à la Présidence de la République. »[2]

Le décret n° 880/326 du 6 août 1980 portant création de la fonction de réviseur à la DSL apparaît également comme une mesure d'atténuation. Il permet, en fonction des besoins de cette direction, de choisir parmi le personnel ayant au moins cinq ans d'ancienneté en son sein, à la suite d'un stage à l'étranger ou de tests internes réussis, des cadres qui accèdent à l'encadrement technique de leurs collègues par la révision de leurs textes et documents, la fourniture de conseils en matière de recherche terminologique, ou l'encadrement psychologique pour une éthique professionnelle responsable. Une prime mensuelle cumulable[3] est versée au titulaire, nommé par arrêté présidentiel.

Ces primes avaient le mérite, la première, d'atténuer la question du grand nombre de cadres sans responsabilité, et donc privés des avantages financiers liés à celle-ci, notamment, les indemnités de sujétion et de représentation ; la seconde, d'offrir une amorce de solution au problème d'une perspective de carrière dans le corps. Mais, si elles correspondent à la réalité professionnelle de l'époque, leur attribution au personnel en service à la Présidence allait se révéler être un obstacle à son redéploiement dans les ministères, qui aurait permis de résoudre l'épineuse question des postes de responsabilité au sein de la profession.

## Fonctionnement

Au niveau central, il faut distinguer les sections de traduction qui assurent la prise de décisions, au jour le jour (répartition du travail, établissement des priorités, compilation des équipes internes) des services spécialisés et de services centralisés de dépannage. Ces derniers disposent d'équipes plus nombreuses et leurs attributions s'apparentent à celles des services détachés auprès des ministères et autres clients (voir ci-dessous). Les services d'appui, de soutien administratif, d'information et de gestion, de terminologie, de formation, notamment, paraissent moins directement préoccupés de traduction ou d'interprétation comme tel.

Au niveau périphérique se trouvent les services directement en relation avec les clients. Les services dits ministériels se chargent de la gestion de la traduction (demande, réception à. temps dans un ministère des services linguistiques requis, respect des délais, qualité du produit, satisfaction du client). L'autonomie par rapport au service central est donc grande.

> « Vue sous cet angle, la haute direction et les autres services du Bureau n'existent que pour l'appuyer [le chef de service ministériel] dans l'exécution de son travail en fournissant des services d'appoint et en lui donnant les ressources voulues. » (Fillion, 1984 : 343).

Mais pour la haute direction du Bureau, les services ministériels ont essentiellement pour rôle d'absorber une partie de la demande et se décharger, pour le reste, sur les autres services de l'institution. Mais, les conflits que pourraient susciter ces deux optiques peuvent être évités si les acteurs de cette organisation sont conscients de leur interdépendance, « de la même manière que dans une roue le moyeu est aussi important que la jante, et inversement, l'un ne pouvant fonctionner sans l'autre ... » (Fillion, 1984 : 343).

A la haute direction revient d'énoncer les orientations communes en matière de gestion, la planification à moyen et long termes, l'établissement de prévisions annuelles de la demande, de recrutement et de formation de base, de déploiement du personnel et la répartition des ressources, le contrôle du budget, de la productivité, de l'évaluation des cadres, du produit et du niveau de service.

## Propositions

La recherche de solutions aux problèmes auxquels sont confrontés les membres du corps du personnel des services de traduction et d'interprétation du Cameroun doit tenir compte de ce que, « si l'on ne saurait gérer l'acte créateur du traducteur ... on peut créer un climat qui le favorise, l'appuyer de toutes sortes de moyens, et en gérer tout le cadre d'exécution » (Fillion, 1984 : 341).

L'analyse comparative des statuts particuliers des différents corps de la fonction publique a permis de constater que :

Seul le statut particulier du corps des fonctionnaires des services de traduction et d'interprétation ne prévoit pas l'existence en son sein de catégories ou cadres autres que ceux du type A.

Dans les faits, les personnels du deuxième grade sont pratiquement les seuls à exécuter leur métier aux termes de ce statut dans nos services publics. Ils sont donc les seuls agents de cette catégorie à former tout un corps dans notre fonction publique.

Ils font partie des rares cadres dont l'intégration à la catégorie A, deuxième grade, nécessite l'obtention expresse d'un minimum de deux diplômes universitaires.

Bien que de la catégorie A, ils sont les seuls dont le statut particulier ne mentionne pas que leurs emplois « correspondent aux fonctions de direction, de conception ou de contrôle. »

Malgré un grand effort de généralisation, les textes présentent un certain déséquilibre au détriment de secteurs d'activités relevant généralement des professions dites libérales, comme la traduction et l'interprétation. On pourrait alors en conclure qu'il faudrait carrément retirer ces professions de la fonction publique, tant leur singularisation apparaît extrême.

Mais pour attrayante que soit cette solution pour les professionnels formés à grands frais par l'Etat, elle pourrait à terme se révéler plus coûteuse pour l'administration. Dans un pays bilingue, la fourniture de services publics dans les deux langues reste impérative et les frais à assurer auprès de cabinets privés que pourraient créer les traducteurs et interprètes ainsi libérés auraient de fortes chances d'être supérieurs à ce qu'il faut actuellement pour l'entretien des services existants. De plus, la crédibilité et le prestige que lui confère la gestion de ses propres services de traduction et d'interprétation, garantie absolue du maintien du caractère bilingue du pays, dans un contexte ou la communauté minoritaire multiplie des signes de méfiance et revendique le renforcement de celle-ci par le retour au fédéralisme, seraient minés par une telle solution, favorable à l'implosion du pays.

Il vaudrait mieux envisager une approche préservant cette crédibilité et ce prestige. Dans ces conditions, les secteurs public et parapublic restent les cadres dans lesquels entreprendre une réforme. Dans le premier cas, elle devrait permettre de rester dans l'orientation générale de l'épanouissement professionnel dans la fonction publique camerounaise. La nomination à un poste de responsabilité joue ici un rôle capital, avons-nous vu, aux plans matériel, social, et de l'épanouissement en général. Il faudra en tenir compte, d'autant plus, répétons-le, que la majorité des corps de cette fonction publique disposent de nombreuses possibilités de promotion à des postes de responsabilité de leurs hauts cadres aux niveaux tant central que périphérique. Il faudrait offrir aux traducteurs un espace semblable, eux qui, pris, globalement, ne bénéficient pas d'une telle possibilité. Elle serait encore mieux accueillie si elle permettait d'offrir au personnel de ce corps quelque chose de semblable à un profil de carrière.

Il demeure que l'insatisfaction des professionnels ira grandissant si rien n'est fait pour l'atténuer. Les limites des mesures prises à ce jour ont été relevées. Leur effet sera reconnu après l'affectation en 1986 de quelques cadres de la DSL pour étoffer le service de traduction nouvellement créé au Conseil économique et social : ils y seront, en compensation (certes alors insuffisante) nommés à un rang leur permettant d'obtenir une indemnité de sujétion et une de représentation du niveau d'un chef de service dans l'administration centrale.

L'élargissement des mesures ci-dessus à l'ensemble du corps pourrait offrir un début de solution. De fait, lorsqu'en 1989, un cadre de la DSL est appelé a aller assumer la responsabilité de chef de service de traduction au ministère de l'information et de la Culture, il proposera, selon son dire, que l'une des mesures suscitées, la prime de rendement, dont il avait bénéficié jusque-là, lui soit octroyée, voire qu'elle soit élargie à l'ensemble des ministères. Sollicitée pour donner son avis sur la question, la DSL aurait répondu qu'elle envisageait d'en faire étendre le bénéfice à l'ensemble du corps. Il faut croire que ce projet n'a pas abouti à ce jour, rien n'ayant fondamentalement changé.

Cela étant, les professionnels du premier ministère, dont la direction de la traduction et de l'interprétation a accueilli quelques temps le personnel de la DSL, jouissant déjà de cet avantage avant d'être reversé à la Présidence, continuent de bénéficier de cette prime au titre des avantages acquis que ce personnel y a apporté. L'élargissement de cette prime mérite d'être porté a son terme logique.

La réforme constitutionnelle de 1996 offre l'opportunité d'apporter une solution durable aux problèmes recensés. Pour une mise en application efficace des dispositions de l'article 1 (3) de la Constitution donnant une égale valeur a nos deux langues officielles, et garantissant la protection et la promotion de nos langues nationales, et afin de résoudre le problème de l'hémorragie des cadres les plus compétents et expérimentés de la Direction des Services Linguistiques, manifestation concrète du marasme qui règne parmi les traducteurs et traducteurs / interprètes, le regroupement des services de traduction du pays au sein d'une même structure s'impose.

Comme au Canada, pays bilingue et multiculturel, cette solution offre l'avantage d'une meilleure répartition globale des ressources, de rationaliser l'organisation du travail et d'accroître l'efficacité du personnel et des services. Elle permettrait en outre de régler la question d'une perspective d'évolution des traducteurs et traducteurs / interprètes au sein de l'administration camerounaise.

Pour ce faire, on pourrait élargir les missions de la DSL pour renforcer la fourniture simultanée de services dans nos deux langues désormais égales, et y inclure la protection et la promotion des langues nationales. La DSL serait alors érigée en direction générale ou centrale des services linguistiques, rattaches a la Présidence de la République. Elle détacherait ses agents auprès des ministères dans les services déjà existants, pour assurer des tâches plus importantes que la simple traduction de documents non officiels.

La prime de rendement versée au personnel de la DSL serait élargie à tout le corps, pour compenser la perte des avantages versés aux responsables des services dans les ministères. Ceux-ci seraient remplacés par des cadres plus expérimentés aux qualités reconnues (réviseurs titulaires, stagiaires et potentiels ?).

Avec la formation progressive de cadres de haut niveau, une cellule de protection et de promotion des langues officielles et nationales pourrait être mise sur pied, pour examiner la possibilité d'une intervention en matière d'alphabétisation en langues nationales, suivre les initiatives d'enseignement de nos langues dans les écoles, la formation extra-scolaire en langues officielles et examiner le problème général de l'aménagement linguistique du pays.

Cette solution offre l'avantage d'une perspective de progression dans l'administration. Elle permettrait d'assurer un meilleur encadrement des collègues des ministères, qui, rappelons-le, ne bénéficient pas de la révision comme leurs homologues de la Présidence. On pourrait ainsi tempérer la grogne parmi les traducteurs et traducteurs / interprètes de cette institution. Une action seraithautement souhaitable pour les raisons déjà évoquées.

## Conclusion

L'occasion de résoudre de façon durable la question du malaise caractéristique du corps du personnel des services de traduction et d'interprétation dans la fonction publique du Cameroun s'est présentée déjà en 1986, avec les premières affectations de traducteurs hors de la DSL. Première intéressée, cette dernière (agissant par mesure disciplinaire ?) ne semble pas avoir saisi l'occasion pour amorcer la mise en œuvre d'une solution globale qu'une croissance inévitable des effectifs laissait entrevoir. Une autre occasion lui a été offerte des 1989, qu'elle n'aura pas su exploiter, renforçant ainsi les conditions d'un pourrissement qui s'est manifeste au grand jour en son temps.

Si ses efforts se sont surtout portés sur le plan interne, en particulier avec l'explosion de postes en son sein en 1980, renforcée en 1992 grâce a diverses opportunités bien exploitées, ainsi que nous avons essayé de le démontrer, le problème fondamental d'un ensemble cohérent pour regrouper ce beau monde, et surtout offrir un climat qui favorise la créativité des traducteurs et interprètes demeure. D'une certaine manière, les textes leur offrant certains avantages, en insistant sur les particularités de ces professionnels, circonscrits à la Direction des Services Linguistiques, n'en ont pas encouragé l'éclosion. D'où la responsabilité de la hiérarchie. L'occasion des changements issus de la démocratisation, en particulier la mise en œuvre de la Constitution de 1996 leur offre l'opportunité de redynamiser ce corps moribond et pourtant essentiel dans un pays bilingue. Le cadre proposé semble devoir rehausser le prestige et la crédibilité indispensables pour garantir le bilinguisme officiel, tout en tenant compte du contexte plurilingue ambiant.

## Notes

1. Décrets, tous datés du 18 décembre 1975, et portant Statut particulier des corps des fonctionnaires de l'exploitation des postes et télécommunications (n° 75-767) ; d'active des douanes (n° 75-768) ; de l'information (n° 75-769) ; des services de traduction et d'interprétation (n° 75-770) ; des greffes (n° 75-771) ; du travail et de la prévoyance sociale (n° 75-772) ; de la diplomatie (n° 75- 773) ; de l'administration générale (n° 75-774) ; de l'administration scolaire et universitaire (n° 75-775) ; des régies financières (n° 75-776) ; des techniques industrielles (n° 75-777) ; des industries animales (n° 75-778) ; du service géographique (n° 75-779) ; des services démographiques et statistiques (n° 75-780) ; de la météorologie (n° 75-781) ; de l'aéronautique civile (n° 75-782) ; des techniques des télécommunications (n° 75-83) ; de cadastre (n° 75-784) ; de la production rurale (n° 75-785) ; des mines et de la géologie (n° 75-786) ; du génie civil (n° 75-787) ; de la santé publique et des affaires sociales (n° 75-788) ; de la jeunesse et des sports (n° 75-789) ; des services de l'élevage et des pêches maritimes (n° 75-790).

2. D'un minimum de 8.000 F CFA à un maximum de 40.000 F CFA par mois, réduit de moitié dans les années 1990, en raison de la crise économique.

3. Le montant est de 15.000 F CFA, également réduit de moitié dans les années 1990, en raison de la crise économique.

## Bibliographie

Atangana Nama Charles, 1990, "A History of Translation and Interpretation in Cameroon from Precolonial Times to Present." *Meta*, 35-2, pp. 356-369.

Décret n° 62-DF-l du 1er janvier, 1962, portant organisation de la Présidence de la République Fédérale.

Décret n° 62-DF-249 du 12 juin 1965, portant réorganisation de la Présidence de la République.

Décret n° 72-282 du 8 juin 1972.

Décret n° 74-138 du 18 février 1974, Extrait du JORUC n° 1 supplémentaire du 5 août 1974 : *Statut général de la Fonction Publique.*

Décret n° 75-767 du 18 décembre 1975, portant statut particulier des corps des fonctionnaires de l'exploitation des postes et télécommunications.

Décret n° 75-768 du 18 décembre 1975, portant statut particulier des corps des fonctionnaires d'active des douanes.

Décret n° 75-769 du 18 décembre 1975, portant statut particulier des corps des fonctionnaires de l'information.

Décret n° 75-770 du 18 décembre 1975, portant statut particulier des corps des fonctionnaires des services de traduction et d'interprétation.

Décret n° 75-771 du 18 décembre 1975, portant statut particulier des corps des fonctionnaires des greffes.

Décret n° 75-772 du 18 décembre 1975, portant statut particulier des corps des fonctionnaires du travail et de la prévoyance sociale.

Décret n° 75-773 du 18 décembre 1975, portant statut particulier des corps des fonctionnaires de la diplomatie.

Décret n° 75-774 du 18 décembre 1975, portant statut particulier des corps des fonctionnaires de l'administration générale. I

Décret n° 7 L 775 du 18 décembre 1975, portant statut particulier des corps des fonctionnaires de l'administration scolaire et universitaire.

Décret n° 75-776 du 18 décembre 1975, portant statut particulier des corps des fonctionnaires des régies financières.

Décret n° 75-777 du 18 décembre 1975, portant statut particulier des corps des fonctionnaires des techniques industrielles.

Décret n° 75-778 du 18 décembre 1975, portant statut particulier des corps des fonctionnaires des industries animales.

Décret n° 75-779 du 18 décembre 1975, portant statut particulier des corps des fonctionnaires du service géographique.

Décret n° 75-780 du 18 décembre 1975, portant statut particulier des corps des fonctionnaires des services démographiques et statistiques.

Décret n° 75-781 du 18 décembre 1975, portant statut particulier des corps des fonctionnaires de la météorologie.

Décret n° 75-782 du 18 décembre 1975, portant statut particulier des corps des fonctionnaires de l'aéronautique civile.

Décret n° 75-783 du 18 décembre 1975, portant statut particulier des corps des fonctionnaires des techniques des télécommunications.

Décret n° 75-784 du 18 décembre 1975, portant statut particulier des corps des fonctionnaires de cadastre.

Décret n° 75-785 du 18 décembre 1975, portant statut particulier des corps des fonctionnaires de la production animale.

Décret n° 75-786 du 18 décembre 1975, portant statut particulier des corps des fonctionnaires des mines et de la géologie.

Décret n° 75-787 du 18 décembre 1975, portant statut particulier des corps des fonctionnaires du génie civil.

Décret n° 75-788 du 18 décembre 1975, portant statut particulier des corps des fonctionnaires de santé publique et des affaires sociales.

Décret n° 75-789 du 18 décembre 1975, portant statut particulier des corps des fonctionnaires de la jeunesse et des sports.

Décret n° 75-790 du 18 décembre 1975, portant statut particulier des corps des fonctionnaires des services de l'élevage et des pêches maritimes.

Décret n° 76/252 du 25 juin 1976.

Décret n° 80/281 du 23 juillet 1980.

Décret n° 80/326 du 6 août 1980, portant création de la fonction de réviseur à la Direction de Services Linguistiques.

Décret n° 90/951 du 29 mai 1990, portant réorganisation de la Présidence de la République

Décret n° 92/18 du 31 janvier 1992, portant réorganisation du ministère du développement industriel et commercial.

Décret n° 92/070 du 9 avril 1992 portant réorganisation de la Présidence de la République.

Décret n° 92/88 du 4 mai 1992, portant réorganisation des services du Premier Ministre.

Décret n° 94/001 du 6 novembre, portant réorganisation du Ministère de l'Agriculture.

Décret n° 94/168 du 16 août 1995, portant réorganisation du ministère de l'économie et des finances.

Fillion, Laurent R (1984). « Gestion et traduction : Un mariage de raison », *Meta*, 29-4, décembre 1984, pp. 340-351.

# Methodological Issues Relating to Drama Translation Research in Cameroon

## Suh Joseph Che

Research on the translation of Cameroonian literature has tended to remain too broad in perspective. We believe that more significant contribution to the development of Cameroonian literature could be made and deeper insights into this literature gained by carrying out specific, detailed and in-depth studies on the translation of each of the genres. For instance if we take the case of Cameroonian drama alone, we notice that there are many types. There are sacred dramas which are in turn sub-divided into ancestral or myth plays, masquerades, rituals, etc; secular dramas which are sub-divided into civic drama, dance and song drama, etc; and mixed dramas.

It is evident that each of these types or sub-types has its distinctive characteristics which distinguish it from the other types and it can be logically postulated that these distinctive characteristics have an incidence on their translation if each of the types is to be recognized and identified as such in the translated version.

It is worth noting that unlike the case of novels and short stories where there exist a fairly rich translated and published corpus, there is a very marked paucity in the area of drama. In effect, apart from the plays of Guillaume Oyono Mbia translated and published in the late sixties, it is interesting to note that so many years later (over thirty years!) there are yet no other translated and published versions of other plays written by the other Cameroonian playwrights. Only inadequate attempts have been made by students of the Advanced School of Translators and Interpreters (ASTI) of the University of Buea to carry out research projects on commented translations of excerpts of some Cameroonian plays in partial fulfillment of their end-of-course academic requirements.

Such academically oriented exercises are still largely insufficient and wanting in that they are not subjected to the scrutiny and exacting demands of drama/theatre experts as well as those of the editors and publishers in the area of drama. Furthermore, the comments made by the students on their own translations may be considered to be largely tinted with subjectivity considering that they evaluate translations done by themselves. The contribution of this form of academic/research exercise towards instructing and informing the theory and practice of the translation of Cameroonian drama does not appear evident. In any case such an approach is not acceptable within a descriptive translation – theoretical framework, as one can never be objective enough to evaluate ones own work. That is why most corpus oriented translation scholars and researchers today choose to examine existing literary texts and their translations and not to translate a text themselves and then evaluate it given that criticizing one's own work can be problematic.

Any corpus oriented research that is based on translation criticism and has as objective to contribute to translation theory and practice must therefore shun subjectivity. Ideally it should be based on a source and target text comparison, using a tertium comparationis (cf. Kruger & Wallmach 1997), i.e. a set of criteria that has been selected as a basis of comparison which is necessary for a comparative study of this nature.

Working within such a descriptive framework, the present study examines the socio-cultural conditions under which Oyono Mbia's translations were produced in order for them to function in the receiving culture as acts of communication, given that translations are never produced in a vacuum, unaffected by time and culture (cf. Kruger & Wallmach, 1997: 121). This study thus effects a practical examination of Oyono Mbia's texts and attempts to determine the norms and constraints that operate on these texts in the Bulu/Cameroonian culture and at a specific historical moment. In other words, this study does not focus on how Oyono Mbia ought to have effected the translations based on certain translation canons but rather on what he has actually done in practice and an attempt is made to account not only for textual strategies in the translated texts, but also for the way in which the translations function in the target cultural and literary system.

The choice of Oyono Mbia amongst many other Cameroonian playwrights is deliberate and for several reasons.

First, according to certain literary and drama critics (cf. Ndumbe Eyoh, 1988: 139 – 1), until Guillaume Oyono Mbia's *Trois prétendants, un mari* was produced in 1959, contemporary Cameroon drama was virtually inexistent and his influence on the Cameroonian dramatic scene has since been profound and extensive. He is considered Cameroon's best known playwright to date whose *Trois prétendants un mari* was considered in 1988 to rank as Africa's second most performed play after Wole Soyinka's *The Lion and the Jewel*.

Secondly (but more importantly from a translation perspective), he is the only Cameroonian playwright who is both director and translator of his own plays. It is the belief (and indeed strong conviction) in this paper that by effecting a close examination and scrutiny of the translation strategies he (as self translating author) employs in his target texts the drama translation scholar and practitioner definitely stand to gain useful insights into how to approach the translation of Cameroonian drama and to emulate the strategies used by this author/translator.

Thirdly, *Three Suitors, One Husband* (the translated version of *Trois prétendants, un mari*), has become an integral part of the literary polysystem of the Cameroon Anglophone culture. It is in the syllabuses of Anglophone schools at both the Secondary, High School and University levels. Several aspects of it (Socio-political, anthropological, literary, stylistic, etc.) constitute the subject of numerous research papers, postgraduate dissertations and other scholarly write-ups in English by Anglophones. We might infer from this the success and acceptability of Oyono Mbia's translations in the receiving culture.

Finally, we deem it worthwhile to highlight and explain, from a translation perspective, the time and culture – bound criteria which are at play in his target texts considering that they constitute the leitmotiv of his art in his source texts.

As mentioned earlier, no source text or its translation(s) is produced in a vacuum. Consequently, the descriptive comparative analysis of Oyono Mbia's source and target texts in this study is first of all underpinned with an examination of the context in which the texts are set. Such examination is particularly necessary as it sheds light on the contextual norms and constraints that operate on the texts and dictate the author's actions in his source texts as well as his translation strategies in his target texts.

## Guillaume Oyono Mbia's Socio-political context

Guillaume Oyono Mbia hails from the French-speaking part of Cameroon. This country was first colonized by the Germans in 1884, then mandated by the League of Nations in 1919 to the French and British governments which had defeated the Germans in the First World War in Cameroon. Following agitation for independence, the French sector subsequently became independent on 1 January 1960 under the new name of Cameroon Republic. The following year a plebiscite was held in the English sector of Cameroon on 11 February 1961under United Nations supervision and the people voted for independence and unification with the French-speaking sector. On 1 October 1961, the two independent sectors united to form the Federal Republic of Cameroon. Following a referendum in 1972, this name was changed to the United Republic of Cameroon and now with effect from August 1983, the country is simply referred to as the Republic of Cameroon.

This history of Cameroon is important when discussing Cameroonian writers because they are usually studied and their works classified into two main groups: pre-independence and post-independence writers. Whilst the literary works of pre-independence writers are characterized by protest and portray anti-colonial struggle and the sufferings of the Cameroonian people, those of post-independence writers describe the traditional Cameroonian society with its taboos, its close family and tribal ties, its superstitions, and its conflict with the new choices, new freedoms and new perspectives brought by independence. Guillaume Oyono Mbia belongs to this latter group of Cameroonian writers and this is confirmed in his interview with Lee Nichols (1981: 237) when he states that:

> My writings are concerned with the days after independence. I'm not concerned with the times before. So many good writers have written about those times... It's about time we began looking for what may be wrong in our days or what may be right, why not?

## Guillaume Oyono Mbia's Literary Works and Ideas

Oyono Mbia's literary and humorous inclination stemmed from the oral literature of his village childhood and story-telling tradition as he also admits in an interview with Lee Nichols (1981: 236):

> We had in our family a tradition of story telling. My mother was and still is a good story-teller. Every evening she used to gather us small children around her and tell stories in a rather humorous fashion. Her stories were usually meant to criticize our bad habits, to educate us. We got into the habit of using stories as a means of showing people what we thought they ought to be doing...

It was during his secondary school years in Libamba that Oyono Mbia began his writing career. He says: "I was preparing for the French baccalauréat and this, in fact, led me to write in dramatic dialogue" (Hans M. Zell, 1983: 461).

The first play by Oyono Mbia is a five-act comedy entitled *Trois Prétendants...Un Mari* and it is indeed, the first play by a Cameroonian writer. It has as theme rival suitors and bargaining parents who want to "sell" their daughter for a bride price to the richest suitor. The author himself clearly states the genesis of this play as follows:

> I went home to Mvoutessi from school. It was just before Cameroon independence. And one of my cousins, a girl, got married under about the same conditions related in my *Three suitors: One Husband*. I wrote the whole thing down but not yet as a play... (Lee Nicholas, 1981: 232)

It was only subsequently therefore that the story was written as a play, a comic satire that treats the theme of marriage within a traditional cultural context wherein the woman has no choice and is refused the right of expression by her male counterpart. Apart from being concerned with the subjection of women, the play also treats issues such as traditional nepotism, superstition as well as confrontation of the rural Cameroonian with his/her westernized city counterpart and with the benefits of modern consumer society.

According to his preface to the published text, this play was written when he was a twenty-year old student to divert his classmates and thank them for having helped him with his maths assignments. It was staged for the first time in Libamba and Yaounde in 1960 and published four years later by Editions CLE, Yaounde. Since then, it has been staged in Britain and France with great success. Encouraged by the success of his first literary work in French, Oyono Mbia wrote its English version, *Three Suitors: One Husband*, which was published in 1968 in a Metheun play script. *Until Further Notice* is his second play, a radio play written in English that received first prize in a drama competition organized by the BBC African service and even before its publication by Methuen in 1968, a stage adaptation of this comedy of manners had been produced at the Edinburgh Festival of 1967. It's French version, *Jusqu'à nouvel avis* also written by the author himself, was published by Editions CLE and that same year it won the EL Hadji Amadou Ahidjo literary prize. The action of this second play centres on a group of villagers waiting in vain for the triumphal return of an educated daughter of the village who has married an important government official. The villagers want to "cash in" on their "investment" as those who paid for the girl's education but the young couple are reluctant to come to Mvoutessi and share the material rewards of their success.

Oyono Mbia's third play, *Notre fille ne se mariera pas!* is the only one of his four plays that has not yet been translated into English. This play which won the 1969 Inter-African theatre competition sponsored by Radio-France Internationale comically reverses the theme of *Three suitors: One Husband*, in which the educated daughter had to be married at all costs to the "highest bidder". In *Notre fille ne se mariera pas!* the family's concern is to prevent their daughter's marriage in order to make sure that her earnings as an educated person will be channelled directly into the family coffers. Both plays therefore examine the rift that separates the old and young generations in Oyono Mbia's society but from opposing viewpoints.

The fourth play, *Le train special de son Excellence/His Excellency's Special Train*, published in French and English was originally conceived and written as a radio play. It was broadcast by the BBC African Service in London in 1969 and in 1971 it won the Inter-African theatre competition organized by Radio-France

Internationale, scoring yet another success for the author. The comic element in this play lies in the wide gap between the people's expectations and their perceptions as they anxiously await the arrival of a very important dignitary, only to be extremely disappointed when he turns out not to be an important person at all. The play is a social satire which focuses mainly on the unbecoming behaviour of government employees vis-à-vis their less fortunate compatriots in the cities and villages throughout the country.

Even though Guillaume Oyono Mbia is rather well known as a dramatist, he has equally published three collections of short stories entitled *Chroniques de Mvoutessi I*, II and III. In these short stories, Oyono Mbia continues the humorous portraits of the inhabitants of Mvoutessi that he had begun in his plays.

According to Hans M. Zell (1983: 461), this essentially comic playwright believes that the theatre is "the only means which can reach illiterate as well as literate people" and he even once expressed the wish to specialize in a kind of participatory theatre where people are "allowed to take part".

It can be asserted that, clearly, Oyono Mbia wrote for the Cameroonian and African audience which contains both illiterate and literate people who all need his message. He himself affirms that:

> I'm chiefly a satirical writer and it wouldn't have done me any good to do satirical writing about someone else's village. But it would be a mistake to say it concerns only my village. My village is taken as a typical village in southern Cameroon. (Lee Nicholas: 237)

His wider Cameroonian target audience beyond his native village could be further inferred from the precautions he took in choosing the mode of writing following the post-independence socio-political situation in Cameroon at the time. In an interview with African Literature Specialisation Students of the Faculty of Lettres and Social Sciences of the University of Yaounde (Jan. 1985), he states that:

> I started writing when I was a school boy. Therefore, I had to be very careful with what I wrote lest I be misunderstood and taken for a subversive element. Moreover, I chose comedy in

order to sweeten the pills of social criticism; apart from the fact that it pulls a larger audience to a show than tragedy. Lastly, it was a personal choice like anyone can choose between joy and sorrow.

Elsewhere in his preface to *Trois Prétendants*… (1969: 6-7) he also states his objectives in his plays as well as his preference for comedy in the following terms:

> Je voudrais donc rappeler aux lecteurs, acteurs et metteurs en scène que mon but, en écrivant, est non de moraliser, mais de divertir. […] Ce n'est qu'en le divertissant réellement qu'on peut espérer amener le public à prendre conscience de certains aspects de notre culture ou de notre vie sociale et si, ce faisant, on parvient à semer en terrain fertile la graine appelée à se multiplier et à produire au centuple des réformes utiles, tant mieux ; mais si le public rit aux éclats et s'en retourne sans avoir songé à battre sa coulpe, on aura toujours le mérite d'avoir essayé de la divertir.

Oyono Mbia's literary bent for theatre as earlier indicated and more specifically for a specific type of drama (i.e. comedy) is thus clearly revealed in the above quotations. More significantly, it is very clear from the foregoing discussion that the social environment in which a writer lives and writes will not only condition his mode of writing but might actually dictate it.

While Oyono Mbia can be considered a realistic writer who is concerned with social problems and who wants to describe the contemporary life of his people, he however refuses to treat political issues in his plays. He says:

> I don't write about politics, and I'm not a man with slogans. I don't believe in clear-cut solutions to problems. I simply want to show people the social problems we are faced with. I leave it to the audience to suggest the solution (Lee Nicholas, 1981: 237-8).

He does not have an inflated idea about the role of the writer. For him, the writer is neither a guide nor a messiah but an objective person who can demonstrate intellectual honesty in literary creativity and criticism without trying to involve himself in politics at the same time. In this regard he says:

> I think a writer is a reporter, a man who perhaps has a gift not only for seeing but also for telling people what he saw and they may have missed. I think a writer ought to be true not only to himself but to his age, and nothing pleases me more than to have people with no literary pretensions pick up my book and say, "Yes, this is what happened in my village" (Lee Nicholas, 1981: 238-9).

The fact that Oyono Mbia's primary target audience is Cameroonian like himself may be reasonably expected to have certain implications on the style and strategies adopted to communicate his message in his plays. For instance, by using his plays as a means of entertaining his audience while at the same time making them aware of the practices he is criticizing, he often achieves his objective by making only passing references to the customs and practices of the people he is describing. He therefore does not need to provide his audience with detailed explanations and descriptions of these practices because the audience is an integral part of his background. Such detailed descriptions could only render the play boring to the public thereby defeating one of his main objectives of entertainment. It would therefore be necessary within the framework of our study to examine the possible implications of this shared background by both source and target text audiences on Oyono Mbia's communication and translation strategies respectively.

With regard to his communication strategy in the source texts, his themes are organized around a number of symbolic signifiers (i.e. items that acquire symbolic value) which he makes only passing references to. In *Trois Prétendants... Un Mari*, for instance, the first scene opens with two of the characters, Ondua and Oyono, seen leisurely playing an indoor game and drinking palm wine. The author equally uses palm wine as a symbolic signifier in his other plays considered in this study. Palm wine is symbolic of the indigenous culture and its traditional practices such as ancestor worship, illiteracy, a life of bondage for women who must work all day long while the men just sit at home drinking their wine and only going out once in a while to hunt or fish for the family. The local and illegally distilled spirit drink, "arki", symbolizes the negative aspects of tradition in the face of the administrative laws of the modern government. The "préfet, "sous-préfet", "Gendarmerie", Commissaires de police" are other symbolic signifiers in the plays that symbolize the repressive instruments of the government. Their extensive powers, very brutal methods and excesses are such that just the mere thought of coming into conflict with any of them normally sends a chill down the citizen's spine. The direct consequence of the bloody years following independence was the tendency of the political leadership and elite to conserve power which gave rise to unnecessary suspicion and high-handedness. Not only was a state of emergency clamped on the entire nation but also every citizen had to carry identification papers; and movement from one part of the country to another had to be warranted by a "laissez-passer'. Political opposition to the regime in power was viewed as subversive and treasonable especially after the imposition of the one-party state on 1 September 1966.

Apart from the heavy military presence in urban centres and other areas suspected of harbouring maquisards, there were also gun-totting gendarmes and policemen who were always eager to strike terror into an already terrified citizenry. There was also the secret police (DIR DOC) and the 'brigades Mixtes Mobiles' (BMM) with their chain of torture chambers. The state-owned spoken and printed media were constrained to play the role of court poets while the private press was frustrated and stifled through institutionalized censorship personified in the Prefect in every Division. (cf. Bole Butake, 1985: 2)

It was in this gloomy and precarious atmosphere that Oyono Mbia pursued his career as playwright. And this atmosphere is captured in his plays. In *Three suitors: One Husband* for instance the mere mention of the police commissioner or the prefect (senior divisional officer) by Mbia (p. 79) sends shock waves of terror down the spines of the villagers.

The village in the plays also symbolizes the indigenous culture with its negative aspects such as nepotism, polygamy, strong family and tribal ties expected to yield material benefits, poor living standards of the villagers, illiteracy, etc. The city as a symbolic signifier stands in contrast to the village and symbolizes education, cars, concrete houses with cemented floors, soft beds and chairs, imported goods and foodstuffs, cutlery, etc. The seven forks in *Jusqu'à nouvel avis* (p. 19-44) symbolize the new modernized life of the western world, education, progress and material riches and a higher standard of living. Thus, Mezoe eats with his hands in the village but eats with forks in the city in Matalina's house.

As concerns Oyono Mbia's translation strategy in the target texts, he equally makes only passing references to these signifiers without bothering to gloss, explain or explicitate them for the target audience. This is because the English-speaking public of Cameroon for which he mainly translated lives the same social realities he is satirizing in French or is at least familiar with them.

Apart from this strategy used to transfer the symbolic signifiers to the target texts, Oyono Mbia equally uses other strategies to translate the many literary and enunciative devices that abound in his plays. In effect, Oyono Mbia's language in his plays is highly Cameroonised and is full of ideophones, loan words from his native language (Bulu), proverbs, swear words/oaths, distorted words and names, pauses and repetition.

## Ideophones

An ideophone is a special type of word which conveys a kind of idea-in-sound. Ideophones are commonly used in African languages and literature to inject emotion or vividness to dialogue and descriptions. They are thus effective rhetorical and emotive tools which further dramatise the action of the play. They enable the speaker to sustain and heighten the audience's interest in what is said. They are used to express sounds, and the following twenty emotions!: awe, admiration, surprise, contentment, impatience, irritation, exasperation, disgust, mockery, scorn, nostalgia, incredulity, fright, apprehension, horror/abject fear, disappointment, discouragement, urgency, phatic feeling, etc.

Ideophones in Oyono Mbia's plays are mainly in the form of interjections. When used as interjections ideophones are cries or inarticulate utterances expressing the speaker's emotions/feelings or simply the prevailing atmosphere.

Consider the following examples:

i) a) Tous: (Ahuris) Eé é é kié! Dix mille francs ! (LTSSE : 16) (1)
   b) All: (Amazed) A a a a a ke aah ! Ten thousand francs! (HEST: 16) (Emotion expressed = awe and pleasant surprise at such largesse and magnanimous display of wealth).

ii) a) Folinika: Eé é é kié! Quand vas-tu donc cesser de me faire courir à droite et à gauche? (LTSSE: 22)
    b) Folinika: A a a a keeaah ! When will you ever stop ordering me about? (HEST: 22) (Emotion expressed = exasperation)

iii) a) Folinika: Eé é kié! Regardez-moi cela!... Des mégots de cigarettes, des biscuits, toutes ces saletés-là... (LTSSE: 23)
     b) Folinika: Aa aa ah keeah!... Just look at this! Cigarette butts, biscuits, all sorts of dirty things... (HEST: 23)(Emotion = irritation and disgust)

iv) a) Tous: (incrédules) Eé é é kié! (JNA: 31)
    b) All : (almost incredulously) A a a aah kee ea ah! (UFN: 101)(Emotion = incredulity)

v) a) Tous: Eé é é é kié é! (TPUM: 78)
   b) All: Eeeaa keeaah! (TSOH: 56)(Emotion = apprehension and fright)

vi) a) Tous: (reculant, terrifiés) Eé é é é kié! (TPUM: 96)
    b) All: (Some rushing back in terror): Eeaa Keeaah! (TSOH: 68) (Emotion = extreme fright)

In the above six examples it is worth noting that the same sound "Eé é é kié" is used to express awe and surprise, exasperation, irritation and disgust, incredulity, apprehension and fright, and extreme fright. We equally observe that varying degrees of the same emotion (i.e fear) may be expressed by simply stretching the length of the vowel (the "é" sound is longer in v and vi above than in i to iv) or by not articulating the sound fully. For instance in *Trois Prétendants... Un Mari* when Mbia points an accusing finger at the Chief Mbarga, the latter is stricken with fear and cries out

"Eé é é é!" (p. 79) instead of "Eé é é é Kié!" Elsewhere, in the same play and in the same scene, real fright and apprehension are expressed in yet another way by modifying the vowel placed in the initial position of the sound. For example when Mbia directly threatens the villagers for failing to make adequate preparations in honour of his visit they react by crying out in real fright " Yé é é é é! (p.78). It is worth noting that the sounds "Eé é é é! (TPUM: 79) and "Yé é é é é! (TPUM: 78) are respectively rendered in the same way by Oyono Mbia as "Yeeaah!" (TSOH: 57) and "Yeeaah!" (TSOH: 57).

All the above variations obviously imply that the audience/listener must be attentive enough to grasp the intended meanings of the sounds from their diverse contexts of usage.

The renderings of the ideophones in the above examples in the target texts reveal the efforts made by Oyono Mbia to preserve the local colour in his translations by carrying over such interjections. It is worth noting however that he has adapted them to the graphology of the English language, probably to make their pronunciation easier for the entirely British cast that first staged the English version in England. In so doing and in his effort to simulate Cameroonian/African usage he has come up with sounds whose phonetic structures are very untypical of standard English.

Furthermore, the sustained high pitch and piercing note of the sounds in the source texts as marked by the French "accent aigu (é)" have been lost in the English adaptation. However, in a few other instances he has carried over to the target texts the sounds as they appear in the source texts, such as in the following examples:

i) a) Tous: Ah ka ka ka! (TPUM: 80)
   b) All: (disgustedly) Ah ka ka ka! (TSOH: 58)(Emotion = disgust, disapproval and discouragement

ii) a) Tous: (Approbateurs) Ya a a ah! Quoi d'autre ! (LTSSE : 38)
    b) All: (Approvingly) Ya a a ah ! What else! (HEST: 38)

iii) a) Bikokoé Mendegue: (L'interrompt, impatienté) Ah ka! Je te l'ai toujours dit et redit, ah Mezang ! (LTSSE: 19)
    b) Bikokoé Mendegue: (Abruptly) Ah ka ! I keep telling you ah Mezan! (HEST: 19)

iv) a) Bilomba: (Ton de plaisanterie) Ah ka, Folinika!
    b) Qui t'a dit que tu étais une vieille femme ? (LTSSE: 22)

We note here also that just as in the case of the sound "Eé é é kié" in the previous examples, the sound "Ah ka" in iii) and iv) of the examples above conveys both impatience and a joke depending on the context of usage.

## Loan Words from Oyono Mbia's native Bulu Language

The influence of Oyono Mbia's mother tongue is evident as testified by the numerous Bulu signifiers embedded in the plays. For instance the words "Oyenga", "Nyeng", "Mvet",

"Mbôlô ô ô", "Arki", "elum", etc. are loan words from Bulu. The author renders these many Bulu words in his plays understandable by cleverly glossing them through "cushioning", a procedure involving the use of explanatory tags or parentheses to explain the loan words, or by fashioning the immediate co-text into a careful context of explanation. Consider the following examples:

i) Bella: (Pousse le cri de joie traditionnel des femmes, l'Oyenga ») ou-ou-ou-ou-ou... ! (TPUM :18) The word « Oyenga » is in apposition to the phrase « le cri de joie traditionnel des femmes » and thus the reader understands that it means the women's traditional cry of joy.

ii) (Oyônô revient avec les tams-tams. Ondua et lui attaquant le rythme du « Nyeng », et Mezôé danse) (TPUM : 34). In this example, the phrases « les tams-tams », « attaquant le rythme » and « Mezôé danse » are descriptors which shed light on the word « Nyeng » and the reader can thus readily guess that the « Nyeng » is a type of dance.

iii) (Au lever du rideau, Sanga-Titi chante une mélodie en s'accompagnant de sa harpe "Mvet"). (TPUM:83). Here again, « Mvet » is in apposition to « harpe ». But then there is further cushioning by the phrase « chante une mélodie en s'accompa-gnant de » i.e. Sanga-Titi sings the melody while playing on his harp. This time the reader understands that "Mvet" is a musical instrument and not a dance as in the case of "Nyeng."

iv) (Matalina entre, portant une assiette possée en equilibre sur la tête. Elle salue les autres joyeusement).
Matalina : Mbôlô ô ô !

In this example the stage directions provide a clue that the Bulu word is a form of greeting.

It should be remarked that the cushioning device used by the author often sheds only minimal light on the meanings of the Bulu words. For instance, in the last example above one cannot say at what time of the day this form of greeting is normally used or whether it is used invariably irrespective of the situation and context.

It is also worth noting that in all the above examples as well as most of the others in the plays, cushioning is mostly effected in the stage directions. Consequently, while it sheds sufficient light on the meanings of the Bulu words to readers of the plays, it fails to provide such supplementary information to an audience unfamiliar with the Bulu culture watching the play on stage. The author does not seem to find extensive cushioning for a live audience necessary probably because, as indicated earlier, he clearly wrote for a Bulu and Cameroonian audience which to a large extent is familiar with his context and shares it. In effect, a Cameroonian from another part of the country different from the author's who watches the play on stage and is not furnished with the information contained in the stage directions would nonetheless readily identify

"Mbôlô ô ô!" as a form of greeting. Similarly he/she would equally see Sanga-Titi's instrument on stage and readily identify it as a Bulu musical instrument ("Mvet"), and the dance performed by Mezoe as a Bulu dance (the "nyeng").

In the translated versions of his plays, Oyono Mbia has equally preserved the untranslated Bulu words and, like in the source texts, has overtly or covertly cushioned them with explanatory contexts. He thus translated the above examples respectively as follows:

i)   Bella: (she utters the women's traditional cry of joy, the "Oyenga") Ou-ou-ou... (TSOH:13)

ii)  Oyônô comes back with two drums. He and Ondua begin playing the rhythm for the dance "Nyeng", and Mezoe dances for some time). (TSOH: 25)

iii) (The Witch-Doctor begins by playing a theme on his harp "Mvet", then he sings the solo part of the melody). (TSOH: 59).

iv)  Matalina: (Cheerfully greeting them) Mbolo o!...

## Proverbs

The plays also contain proverbs from Oyono Mbia's Bulu background. In the author's society (and in traditional Cameroonian/African society in general) proverbs are the kernels in which popular wisdom is stored. They are philosophical and moral statements condensed to a few words and in society are used by those who have acquired the wisdom of their forefathers and are the upholders of the beliefs and philosophy of the community. The proverbs used in the source texts are literal translations from Bulu. For instance the proverb"... Les fantômes ne parlent jamais avant que la pluie ne soit tombée" (TPUM: 84) is the Bulu equivalent of "there is no smoke without fire". Oyono Mbia equally rendered the proverbs literally in the target texts. Consider the following examples:

i)   a) Abessolo: Quand le caméléon meurt, le margouillat hérite de son sac de kolas. (TPUM: 80)
     b) Abessolo: When the cameleon dies, the grey lizard should inherit his sack of cola nuts. (TSOH: 8)

ii)  a) Sanga-Titi: Les fantômes ne parlent jamais avant que la pluie ne soit tombée! (TPUM: 84)
     b) Sang-Titi : Dead men never speak unless it has rained (TSOH : 60)

iii) a) Sanga-Titi: Quand la rivière est à sec, l'eau ne coule plus (TPUN: 86)

b)  Sanga-Titi: when a river has dried up, the water no longer runs! (TSOH: 60)

iv) a)  Abessolo : Ce n'est pas parce que tu entends le bruit que l'éléphant fait dans la forêt voisine que tu peux prétendre avoir vu l'éléphant lui-même (JNA : 46 – 7)

## Swearwords

Oyono Mbia equally introduces Bulu swearwords or oaths in his plays. These oaths in the names of his Bulu ancestors are used by his characters to express various emotions such as shock, pride, disgust, stress and despair / helplessness at having been overtaken by events, etc. as evident in the examples below:

i) Bella: (Claquant des mains, scandalisée) Eé é kié Oyônô <u>Eto Mekong ya Ngozip</u> é é é (TPUM: 15)(Emotion expressed = shock)

ii) Bella : (fièrement) Un vrai blanc ! Ma petite-fille Juliette va épouser un vrai blanc ! ... <u>Ah Nane Ngôk</u> ! (TPUM: 16)(Emotion expressed = pride and satisfaction)

iii) Abessolo: (écoeuré, aux autres) Qu'elle suive sa volonté à elle? Une femme ? <u>Zua Meka</u> ! (TPUM : 112)(Emotion expressed = disgust)

iv) Atangana : Hi yé é é... <u>Ah Zua Meka</u> ! Quelle journée ! (TPUM: 81)(Emotion expressed: stress and despair / helplessness at having been overtaken by events)

All these oaths evoke ancestors who the villagers believe exist in the spirit world and can assist them. Since this belief is peculiar to the Bulu culture and the oaths have no direct equivalent in French, it is probably for this reason that the author has used the Bulu signifiers which reveal the cult of ancestors practised in the village of Mvoutessi in his French texts. It is probably for the same reason that he has used them in the English versions of this plays. He thus translated the above examples respectively as follows:

i) Bella: (Clapping her hands in disgust) Aa Keeaah, Oyônô <u>Eto Mekong ya Ngozip</u> aah! (TSOH: 10)

ii) Bella: (Proudly) A real white man! My grand daughter's going to marry a real white man! <u>Ah.. Nane Ngôk!</u> (TSOH: 11)

iii) Abessolo: (Disgustedly, staring at the others) Do as she wants? A woman? <u>Zua Meka!</u> (TSOH: 80)

iv) Atangana: Hee yeeaah! <u>Ah Zua Meka</u>! What a day! (TSOH: 59)

We equally observe here that in both source and target texts just as in the case of Bulu loan words discussed above Oyono Mbia gives the reader an idea of the emotions conveyed by the oaths in each situation by cushioning them with explanatory tags in the stage directions.

## Distorted words and names

In the source texts a number of names have been distorted. These include names such as "Matalina" for "Madeleine" (TPUM), "Makrita" for "Marguerite" (TPUM), "Cécilia" for "Cécile" (JNA), and "Folinika" for "Véronique" (LTSSE). All these are names in the language of one of Cameroon's former colonial masters. Since the villagers are illiterates they are unable to pronounce these foreign names properly and have consequently adapted them to the phonology of the Bulu language. Oyono Mbia thus captures this reality of altering foreign phenomena to suit the local context by preserving such alterations in his plays. He consequently also preserved them in the target texts.

Other distorted words in the source texts include: "…Sieur?" for "Monsieur" (TPUM: 31), "Missa" for "Mister" (LTSSE: 21) and "Messié" for "Messieurs" (LTSSE: 59). In rendering this second category of words into English, Oyono Mbia has sought to convey the same socio-linguistic information about the speakers as did the distorted words in the original by rendering them with equivalent distortions in Cameroonian Pidgin English. He thus rendered them respectively as "Sah?" (TSOH: 22), "Missa" (HEST: 21) and "Massa" (HEST: 57).

## Liberties taken by Oyono Mbia in his Translations

Oyono Mbia took some liberties in the translation of his plays and this is revealed by the additions, omissions and modifications which are found in the translated versions. The differences between the source and target texts are evident in the following examples:

i) a) Matalina: (qui voudrait bien être à la place de Juliette) ... Epouser un home si riche! E é é é! la veinarde ! Elle aura bientôt des tas de robes, des jupes en tergal, des perruquesblondes, elle aura tout ! (TPUM : 16)
b) Matalina (who wouldn't really mind being Juliette now): ... fancy marrying a wealthy man ! She'll soon have lots of dresses, blonde wigs, she'll soon have everything! (TSOH: 11)

ii) a) Atangana : C'est cela! Je lui annoncerai la bonne nouvelle moi-même ! (TPUM : 18)
b) Atangana : Yes !... I'll break the good news to her myself! Just go and get her suitcase ... (TSOH: 12)

iii) a) Atangana : (se gratte la tête pour savoir par où commencer) Bon... euh... je vais t'expliquer la situation, mon enfant. (TPUM : 19)
b) Atangana: (He scratches his head in search of the best way to start) I'll tell you all about it, my child! (TSOH: 14)

iv) a) Mbarga : (crie) Ah Oyôno! Ne reste pas planté là à me regarder comme si je dansais l' "Ozila"! (TPUM : 73)
Mbarga (shouting): Ah Oyônô ! Don't just stand there looking at me! (TSOH: 43)

In the first example the utterance "E é é é! La veinarde!" and the French cultural item "jupes en tergal" have been omitted in the translation. In the second example the utterance "Just go and get her suitcase..." has been added. In the third example the word "Bon" and the gap filler "euh" have been left out in the translation. Similarly, in the fourth example the comparison to "Ozila'", a dance, has been omitted in the translation.

Other instances of omissions, additions or modifications in the translations are at the levels of effective pause (e.g. exclamation marks, suspension points and periods), turn-taking in the dialogue between some characters, episodes and stage directions. With regard to effective pause, divergences between the source and target texts abound in *Trois Prétendants... Un Mari* and *Three Suitors: One Husband* in virtually every page right from the first act. As concerns turn-taking between characters, divergences are observed between *Trois Prétendants... Un Mari* (pp. 33, 48, 51, 79) and its corresponding translation *Three Suitors: One Husband* (pp. 35, 37, 57, 63 respectively). Similar divergences exist between *Jusqu'à Nouvel Avis* (pp. 20, 21, 47) and *Until Further Notice* (pp. 94, 96, 112 respectively).

With respect to the omission of certain episodes, the singing and dancing episodes in *Trois Prétendants Un Mari* (pp. 83 – 4, 85, 90) are left out in *Three Suitors: One Husband* (pp. 59, 60, 63 respectively). In the source text these episodes occur in Act Four and the author indicates in the source and target texts stage directions that "the whole act is primarily meant to be a dancing interlude (TSOH: 59). The omission of the singing and dancing in the target text is thus significant.

Finally, concerning the stage directions, the divergences between source and target texts involve the addition of entirely new stage directions or the inclusion of extra information in existing stage directions or conversely the omission of entire stage directions or portions of information contained in the source text stage directions. Examples are abundant and scattered throughout the three plays studied but are particularly pronounced in *Jusqu'à Nouvel Avis* and *Until Further Notice* where virtually every single page contains at least one form of stage direction modification in the target text.

Such liberty can readily be expected from someone who is both author, director rand translator of his own plays. Besides, Oyono Mbia himself declares:

I take into account the different mentalities of English and French speakers and the theatre experiences of the French-speaking and English-speaking audiences are so widely different that I always try to make not only linguistic but staging differences (Lee Nichols, 1981: 236).

However, it should be noted that Oyono Mbia has taken liberties only at the microtextual level and even then, as demonstrated earlier, the symbolic signifiers, ideophones, loan words from his native language, proverbs, swear words/oaths, distorted words and names, pauses and repetitions, all of which constitute the leitmotiv of his art and carry his message have all been transferred to the target texts.

Furthermore, with regard to the macrotextual level, i.e. as concerns the division of the texts into acts and scenes, presentation of acts and scenes, the number and types of characters, episodic plot, dramatic plot (prologue, exposition, climax, conclusion, epilogue) and authorial comments (stage directions, prefaces, etc.), there is absolute correspondence between the source and target texts as all these have been mapped from the source onto the target texts.

## List of Abbreviations

HEST:   *His Excellency's Special Train*

JNA :   *Jusqu'à Nouvel Avis*

LTSSE : *Le Train Spécial de Son Excellence*

TPUM :  *Trois prétendants… Un Mari*

TSOH:   *Three Suitors : One Husband*

UFN:    *Until Further Notice*

ST:     *Source Text*

TT:     *Target Text*

# Bibliography

Abety, P. A., 1975, "The Treatment of Marriage in Oyono Mbia's Plays". Unpublished Postgraduate Disserta-tion. Yaounde: University of Yaounde.

Atebong, G., 1972, "Comic Elements in *She Stoops to Conquer* and *Three Suitors, One Husband.*" Unpublished Postgraduate Dissertation. Yaoundé: University of Yaoundé.

Butake, B., 1988, "The Rise of the Comic Genre in Cameroon Drama: A Case Study of the Dramatic Compositions of Guillaume Oyono Mbia." *Cameroonian Theatre*. Yaoundé: BET & Co. Ltd. p. 202 – 210.

Butake, B., Doho G., 1998, *Théâtre cameroonais / Cameroonian Theatre*. Yaoundé: Centre Camerounais de l'IIT.

Eyoh, H. N., 1988, "Cameroon Theatre." *Cameroonian Theatre*. Yaoundé: BET & Co. Ltd. P. 123 – 139.

Hans, M. Z., 1983, *A New Reader's Guide to African Literature*. London: H.E.B.

Interview with African Literature Specialization Students of the Faculty of Lettres and Social Sciences. University of Yaounde, January, 1985.

Kruger, A., Wallmach. K., 1997, "Research Methodology for the Description of a Source Text and its Translations – a South African Perspective" *South African Journal of African Languages*. Vol. 17. No. 4, pp. 119 – 126.

Lee, N., 1981, *Conversations with African Writers*. Washington D.C.: V.O.A. Publication.

Mbunwe-Samba, Patrick, 1972, "Guillaume Oyono Mbia, Cameroon Satirical Dramatist". Mémoire de D.E.S., Université de Yaoundé, Cameroun.

Nkwain, J. C., 1985, « Guillaume *Oyono Mbia's Chroniques de Mvoutessi 1 : A Commented Translation* ». M. A. Thesis, S.T.I. University of Ottawa.

Nouthe, François, 1973, « La Critique Sociale dans le Théâtre de Guillaume Oyono Mbia ». Mémoire de D.E.S., Université de Yaoundé. Cameroon.

Oyono Mbia, G. 1964. *Trois Prétendants... Un Mari*. Yaoundé : Editions CLE.

---1968. *Three Suitors: One Husband*. London: Methuen and Co. Ltd.

---1968, *Until Further Notice*. London: Big O Press Limited.

---1970, *Jusqu'à nouvel avis*. Yaoundé: Editions CLE.

---1979, *Le train spécial de son Excellence*. Yaoundé : Editions CLE.

---1979, *His Excellency's Special Train*. Yaoundé : Editions CLE.

Suh, J. C., 2002, "Compounding Issues on the Translation of Drama/Theatre Texts". *Meta*. Vol. 47. No.1.

---2002, "Some Considerations in the Translation of African Drama." *Meta*. Vol. 47. No. 2.

www.ingramcontent.com/pod-product-compliance
Lightning Source LLC
Chambersburg PA
CBHW021830300426
44114CB00009BA/394